W0470782

Helmut Reinalter

DIE WELTVERSCHWÖRER

Helmut Reinalter

DIE WELT-VERSCHWÖRER

Was Sie eigentlich alles
nie erfahren sollten

ecoWIN

Helmut Reinalter
Die Weltverschwörer
Was Sie eigentlich alles nie erfahren sollten

FSC
Mix
Produktgruppe aus vorbildlich bewirtschafteten Wäldern
und anderen kontrollierten Herkünften

Zert.-Nr. SGS-COC-004295
www.fsc.org
© 1996 Forest Stewardship Council

Das für dieses Buch verwendete FSC-zertifizierte Papier
EOS lieferte Salzer, St. Pölten

Umschlagidee und -gestaltung: **kratkys.net**

1. Auflage

Lektorat: Mag. Josef Rabl
Gesamtherstellung: www.theiss.at
Gesetzt aus der Sabon
Printed in Austria
ISBN 978-3-902404-85-5

1 2 3 4 5 6 7 8 / 12 11 10

www.ecowin.at

Inhaltsverzeichnis

Vorwort

Die vorliegende Darstellung versteht sich als Einführung in ein aktuelles, aber komplexes Thema, mit dem sich der Verfasser schon seit mehreren Jahrzehnten im Rahmen seiner Freimaurerforschungen beschäftigt. Er sieht Verschwörungstheorien als Teil des weltweiten Antimasonismus, der Diffamierung und Verfolgung der Freimaurer, die an Aggressivität und Polemik bis heute nichts eingebüßt hat. Trotz zahlreicher wissenschaftlicher Arbeiten und verschiedener Aufklärungsversuche über Ziele, Denkschemata, Strukturen und Agitationsformen von Verschwörungstheoretikern gibt es noch immer und wohl auch in Zukunft Verschwörungstheorien.

Inhaltlich ist das Buch in vier Schwerpunkte gegliedert: Im ersten Teil versucht der Autor in die Verschwörungstheorien einzuführen. Im zweiten Abschnitt geht es um Strukturelemente einer Theorie über „Verschwörungsideen", die sich besonders auf Definitionen, Begriffe, Funktionen und Ursachen konzentrieren. Das dritte Kapitel versucht einen Überblick über die historische Entwicklung des Verschwörungsdenkens von der Aufklärung bis heute zu geben und im vierten Teil geht es um eine Typologie des Verschwörungsdenkens, indem verschiedene Varianten von Verschwörungen von den Templern bis heute dargestellt und analysiert werden. In der abschließenden Zusammenfassung werden die Verschwörungstheorien in Thesenform erklärt, die zu weiteren Diskussionen und Forschungsarbeiten anregen wollen. Ein Abschnitt über „Verschwörungstheorien und Internet" wurde ausgeklammert, weil darüber ein eigenes Buch geschrieben werden müsste.

Bei der Erstellung des Manuskripts haben den Autor vor allem zwei Kollegen unterstützt und beraten: Johannes Rogalla von Bieberstein, mit dem ihn eine jahrelange konstruktive Zusammenarbeit auch in der Wissenschaftlichen Kommission zur Erforschung der Freimaurerei (WKF) verbindet, und Armin Pfahl-Traughber, der gemeinsam mit dem Verfasser zwei wissenschaftliche Tagungen bzw. Vortragsreihen über Verschwörungstheorien in Innsbruck gestaltet hat. Der Autor dankt auch allen MitarbeiterInnen des Freimaurer-Forschungsprojekts im Rahmen des Innsbrucker Privatinstituts für Ideengeschichte und Cordula Praxmarer für die Reinschrift des Manuskripts. Der Ecowin Verlag hat die Zusammenarbeit mit dem Verfasser sehr professionell gestaltet und damit den Abschluss des Manuskripts positiv beeinflusst.

Der Autor widmet dieses Buch seiner Frau Rosa Maria, die ihm stets eine verständnisvolle Begleiterin ist.

Innsbruck, im Januar 2010 Helmut Reinalter

I. Einleitung: Was sind Verschwörungstheorien?

Geheime Gesellschaften machen Weltpolitik. Diese Behauptung findet sich in zahlreichen literarischen Werken und populärwissenschaftlichen Büchern, die die Hintergrundkräfte der Geschichte aufzeigen und ihre Wirksamkeit verdeutlichen möchten. Dahinter verbirgt sich die Vorstellung, dass geheime Drahtzieher am Werk sind, die die Politik gestalten und bestimmen, und dass die Welt von konspirativen Gruppen gelenkt und gesteuert wird. Auffällig ist, dass Verschwörungstheorien besonders in Zeiten von militärischen Niederlagen und Revolutionen, bürgerkriegsähnlichen Konflikten und wirtschaftlichen Krisen ein Gefühl von Angst, Unsicherheit und Umbruch hervorrufen. In diesen Situationen beginnt die Suche nach möglichen Verursachern bzw. Sündenböcken, die meist dämonisiert und für den Zustand der Gesellschaft verantwortlich gemacht werden.[1]

Unter dem Begriff „Verschwörungstheorie" versteht man den Versuch, Ereignisse, Zustände, Zusammenhänge und Entwicklungen unter dem Aspekt einer Verschwörung zu deuten. Es handelt sich dabei meist um ein zielgerichtetes konspiratives Wirken von Personen bzw. Personengruppen. Verschwörungstheorien konstruieren ein vereinfachtes Muster der Wirklichkeit, um komplexe Zusammenhänge besser verstehen zu können; sie reduzieren Komplexität. Dazu kommt ein normativer Maßstab, weil die als Verschwörung charakterisierten Vorgänge nicht wertneutral beurteilt werden, sondern von einem normativen Standpunkt aus. In diesem Sinne stützen sich Verschwörungstheorien nicht auf eine Diagnose, sondern enthalten immer eine weltanschauliche Beurteilung der Ereignisse und Zusammenhänge. Anhänger von

Verschwörungstheorien weigern sich im Gegensatz zur Wissenschaft, ihre Hypothesen empirisch zu begründen und überprüfbare Bedingungen zu entwickeln. Sie entziehen sich der empirischen Verifizierung bzw. Falsifizierung.[2]

Als Grundlage dient allen Verschwörungstheorien ein vereinfachtes Welt- und Geschichtsbild, das von der Annahme ausgeht, komplexe Strukturen der sozialen Wirklichkeit könnten durch gezielte Handlungen von Personen oder Gruppen direkt gesteuert und beeinflusst werden. Diese Annahme ist wirklichkeitsfremd, weil sozialwissenschaftliche Theorien und Modelle verdeutlichen, dass sich tief greifende Ereignisse in Wirtschaft, Gesellschaft, Politik und Kultur nicht ausschließlich durch zielgerichtetes Handeln von Personen oder Personengruppen erklären lassen, zumal das Zusammenwirken vieler subjektiver Gründe und objektiver Bedingungen für gesellschaftliche Veränderungen entscheidend ist, die sich wiederum aus Strukturen, Konjunkturen, Absichten und Zielen, Gegenabsichten, Irrtümern und vielleicht auch aus Zufällen zusammensetzen und sich auch gegenseitig beeinflussen.[3]

Zur besseren Erklärung des wertenden Gebrauchs des Begriffs „Verschwörungstheorie" ist es zweckmäßig, zwischen zwei Hauptformen von Verschwörungstheorien zu unterscheiden: Verschwörungstheorie als „Zentralsteuerungshypothese" und als irrationaler Konspirationismus. Nach Annahme der Zentralsteuerungshypothese steht hinter wichtigen Ereignissen oder Entwicklungen das gezielte, verborgene Wirken von Personen oder Personengruppen, wie z. B. von Geheimgesellschaften oder Geheimdiensten. Wollte eine solche Hypothese den Anspruch auf Wissenschaftlichkeit erheben, müsste sie durch empirische Beweise ihre Korrekturfähigkeit zeigen, weil sie sonst zu einer erstarrten pseudowissenschaftlichen Glaubensüberzeugung mit vielen Vorurteilen wird. Die Ausdehnung der Zentralsteuerungshypothese auf größere Ereigniszusammenhänge führt schließlich zu einem geschlossenen konspirationalistischen Welt- und Geschichtsbild. Solche Erklärungsmuster werden stereotyp auf mehrere, im Extremfall sogar auf alle Phänomene angewandt, mit denen jemand konfrontiert ist. Allgemeines Merkmal solcher Ideologien ist ein auf einzelne Persönlichkeiten oder Gruppen orientiertes, monokausales Erklärungsmuster zur Vereinfachung komplexer Zusammenhänge. Im Zuge dessen kommt es zu einer Überschätzung der Verschwörer, die als extrem mächtig eingestuft werden, obwohl sie konspirative Minderheiten darstellen. Es wird ihnen ein raffinierter Geheimhaltungsmechanismus zugeschrieben, sodass niemand ihre verborgenen Pläne, Ziele und Absichten erkennen kann. Bei dieser Personalisierung von Ursachen der historischen Entwicklung spielt die „Idee des Bösen" eine entscheidende Rolle. Es wird als überpersonale, weltbeherrschende Macht gesehen, die sich in ganz bestimmten Personengruppen nachweisen lässt. Wolfgang Wippermann vertritt sogar die Meinung, dass der Glaube an einen Teufel, an das leibhaftige Böse, als ideengeschichtliche Wurzel aller Verschwörungsideologien gedeutet werden könne.[4] Menschen sind sehr schnell bereit, für das Böse in der Welt eine Verschwörung verantwortlich zu machen. Diese Auffassung ist weit verbreitet, Dieter Groh spricht in diesem Zusammenhang sogar von einer „anthropologischen Konstante".[5] Das Finden von „Schuldigen" bzw. „Sündenböcken" erfolgt dabei parallel zum moralisierenden Dualismus („schwarz – weiß") mit dem Ziel, die angeblichen Geheimpläne herauszufinden und aufzudecken. Eine solche Denkweise wird auch als handlungsleitende Verschwörungsideologie bezeichnet.

Viele Verschwörungsideologien unterstellen den Verschwörern ein weltweites Beziehungsnetz, wobei sich diese internationalen Verbindungen vor allem auch an die nationalen Gefühle der Sympathisanten von Verschwörungsideologien richten. Damit sollen die Bedeutung und der Einfluss der Verschwörer noch gefährlicher und bedrohlicher erscheinen. Für „conspiracism" ist weiter kennzeichnend, dass – ähnlich wie bei fundamentalistischen Bewegungen – eine Immunisierung gegen jede Form des

Widerspruchs stattfindet. Die Infragestellung der angebotenen Erklärungen bzw. ihre Ablehnung wird von den Verschwörungstheoretikern als Täuschung, Erpressung oder sogar als Mitwissertum eingeschätzt.

In der Theorie kann man das Verschwörungsdenken von einem ideologischen Konspirationismus durchaus unterscheiden, in der Praxis scheint dies allerdings schwieriger, weil die Grenzen zwischen einer realistischen Befürchtung und einem wahnhaften Verschwörungsmythos manchmal verschwinden. Tatsächliche Verschwörungen, die in der Weltgeschichte stattgefunden haben, waren meist durch strikte Geheimhaltung geprägt und daher nicht leicht nachweisbar.[6] In der neueren Forschung hat man als Kriterien zur Unterscheidung unseriöser Verschwörungsideologien besonders zwei Aspekte hervorgehoben:

1. den Grad der Abschottung von der Offenheit alternativer Erklärungsmodelle,
2. ihre Funktion und Macht im politischen Diskurs.[7]

Verfolgt eine Verschwörungstheorie einen ausdrücklich politischen Zweck und wird aus ihr ein Machtanspruch oder die Forderung nach einem gewaltsamen Handeln abgeleitet, kann man von einer „Verschwörungsideologie" sprechen. Richtige Erklärungen historischer Prozesse müssen sich allerdings gegenüber verschwörungsideologischen Deutungsmustern behaupten.

Die Differenzierung zwischen einer realen und einer imaginären (vermeintlichen) Verschwörung, zwischen einer tatsächlichen Verschwörung und einer Verschwörungstheorie, versteht sich als ein subjektiver Erkenntnisprozess. Für den wissenschaftlichen Zugang zu diesem Problem ist es wichtig, Wahrheit und Unwahrheit streng voneinander zu trennen. Dazu ist eine Unterscheidung zwischen Realität und Einbildung von besonderer Relevanz, wozu es Methoden und Werkzeuge gibt – wie saubere Analysen, gesunder Menschenverstand, Erkenntnisfähigkeit, Geschichtswissen und kritische Aufklärung. Mit diesen Instrumenten kann man die Struktur des Verschwörungsdenkens erkennen. Von großer Bedeutung ist dabei das Verständnis der Voraussetzungen, die solchen Mentalitäten zugrunde liegen, wie auch das Erkennen der immer wiederkehrenden Grundvoraussetzungen.

Die Verschwörungstheorie ist auch als monokausale und stereotype Ideologie erklärt worden. Die neuere Forschung ist sich darüber hinaus weitgehend einig, dass sie ebenso Mythoscharakter aufweist. Bei der Wirkung des Verschwörungsmythos spielen neben psychologischen Faktoren (z. B. Angst und Wahnvorstellungen) auch Projektionen eine bedeutende Rolle; vieles, was die Exponenten der Verschwörungstheorie den dämonisierten Minderheiten unterstellten, etwa den Juden und Freimaurern, betrieben sie selbst oder strebten danach. Auch soziale Faktoren sind wichtig, weil es vor allem um die ideologische Prägung jener sozialen Gruppen geht, die besonders für den Verschwörungsmythos empfänglich sind; das waren z. B. im Ersten Weltkrieg, in der Weimarer Republik und im Nationalsozialismus der Mittelstand mit seiner Krisenerfahrung und seinem Bindungsverlust. Schließlich sind auch noch politische Faktoren zu berücksichtigen, weil die Verschwörungstheorie bei der Werbung für bestimmte politische Ämter immer wieder gezielt verwendet bzw. der Verschwörungsmythos politisch eingesetzt wurde. Diese Instrumentalisierung verweist auf die Manipulationsfunktion einer solchen Ideologie, die stets in einer bestimmten historischen Situation zum Einsatz kam. Alle diese Faktoren und Gesichtspunkte müssen zudem in einem engen Wechselverhältnis zueinander gesehen werden.[8]

Aus historischer Perspektive fällt besonders auf, dass die Verschwörungstheorie ihren Nährboden vor allem in Phasen grundlegender ideologischer und politisch-ökonomisch-sozialer Verunsicherung hat. Die Komplott-Theorie erfüllt dabei eine scheinbar rationalisierende Funktion, indem sie vorgibt, für alle existenziellen Ängste und Unsicherheiten, die gesellschaftliche Ereignisse begleiten können, eine einfache Erklärung zu liefern. Letztendlich ist sie durch eine interessengeleitete und damit pseudorationale Denkstruktur gekennzeichnet. Sie entspringt einem Bedürfnis nach Reduktion der komplexen Realität und vermag eine – wegen ihrer wahnhaften Übersteigerungen – gefährliche Orientierungsfunktion zu erfüllen.

Bei der Verschwörungstheorie handelt sich daher nicht um ein unparteiisches Erkenntnisinstrument, sondern ein der Feindbestimmung dienendes ideologisch-politisches Werkzeug. Da die Verschwörungstheorie zur Voraussetzung hat, dass eine kleine Minorität die große Mehrheit manipulieren und den Geschichtsprozess in entscheidender Weise beeinflussen kann, mussten dieser Minderheit zwangsläufig übermenschliche Fähigkeiten zugeschrieben werden, wobei die schon fast pathologische Züge tragenden Angstvisionen vom drohenden Umsturz jeder Ordnung in eine Dämonisierung der kleinen Minderheit ausarteten. In diesem Zusammenhang spielt die christlich-mittelalterliche Dämonologie eine wichtige Rolle, die für die spezifische Ausprägung des Verschwörungsdenkens konstitutive Bedeutung hat. Unter Herabsetzung moralischer Hemmschwellen soll die Hoffnung geweckt werden, dass durch die gezielte Ausschaltung dieser „bösen Kräfte" der soziale Organismus geheilt werden könne.[9]

Wie die bisherigen Überlegungen verdeutlichen, sind Verschwörungstheorien und Verschwörungsdenken sehr schwer in exakte präzise Begriffe zu fassen. Im Kapitel „Typologien des Verschwörungsdenkens" versuche ich mich diesem schwierigen Thema anzunähern. Man kann zwei grundlegende Unterscheidungen treffen und reale Verschwörungen und Verschwörungstheorien, die nur in der Einbildung existieren, als zwei unterschiedliche Phänomene sehen. Das amerikanische Recht definiert eine Verschwörung dahingehend, dass diese aus einer „Vereinigung oder Verbündung von zwei oder mehr Personen zu dem Zweck, in gemeinsamem Vorgehen eine illegale oder verbrecherische Tat zu verüben"[10], bestehe. Die Prozesslisten der Gerichte zeigen, dass es tatsächliche Verschwörungen in der Geschichte gab und heute noch gibt. Diese Verschwörungen kann man in Lokal- oder Weltverschwörungen differenzieren, wobei lokal begrenzte Verschwörungen auch ein begrenztes Ziel haben. Häufig wird hier die bestehende Ordnung nicht in Frage gestellt. Weltverschwörungen streben nach globaler Macht und fassen auch eine Veränderung der Prämissen menschlicher Existenz ins Auge.[11]

Im Unterschied zur realen Verschwörung versteht sich die Verschwörungstheorie als real nicht existente, aber aus Angst befürchtete Verschwörung.[12] Ist der Begriff „Verschwörung" immer auf eine Tat bezogen, dominiert bei der Verschwörungstheorie die Betrachtungs- bzw. Deutungsweise. Daniel Pipes[13] unterteilt die Verschwörungstheorien in die gleichen Kategorien wie Verschwörungen, in lokale Verschwörungstheorien und in Weltverschwörungstheorien. Bei den lokalen Verschwörungstheorien steht die Angst vor Verschwörungen mit begrenztem Ziel im Vordergrund, bei den Weltverschwörungstheorien geht es um Angst vor Verschwörungen mit unbegrenzten Zielen.

Meistens haben radikal-utopische Ideologien mit Weltverschwörungen zu tun und streben solche an. Diese Unterscheidungen sind allerdings nicht immer klar auszumachen, obwohl sie in der Weite des ins Auge gefassten Zieles erkennbar erscheinen, nicht aber im tatsächlichen Ausmaß der Verschwörung. Lokale Verschwörungstheorien sind in der Regel zeitlos und finden sich schon in den frühesten Formen gesellschaftlichen Lebens, die Weltverschwörungstheorie weist hingegen eine Geschichte auf, die bis in die Zeit der Aufklärung zurückreicht. Ob eine solche Unterscheidung in Wirklichkeit zutreffend ist, darf in gewisser Weise bezweifelt werden, weil vielleicht auch Weltverschwörungstheorien strategisch kleinere Ziele anstreben können.

Weltverschwörungstheorien weisen im Wesentlichen drei Kernelemente auf: eine vermeintlich mächtige und böse Gruppe, die im Geheimen die Welthegemonie anstrebt; Anhänger und Handlanger, deren Aktivitäten darin bestehen, den Einfluss dieser

Gruppe über die Welt auszuweiten; und eine Verschwörungsgruppe, die Unterstützung braucht, um die bevorstehende Katastrophe abwenden zu können.[14] Verschwörungstheorien sind durchaus in der Lage, Personen für sich zu gewinnen, bei denen sie die Form einer Lebensanschauung annehmen. In diesem Zustand spricht man von „Verschwörungsdenken", „Paranoia-Haltung" bzw. „Mentalität der heimlichen Hand".[15] Ein solches Denken, das von einer vereinzelten Verschwörungstheorie ausgeht, kann sich zu einem Geschichtsverständnis steigern, das auf der Annahme von Komplotten zur Errichtung einer Weltherrschaft oder im Extremfall zur Vernichtung der menschlichen Rasse aufbaut.[16] Verschwörungsdenken kann sogar einen Vorrang gegenüber der Religion beanspruchen, wie z. B. im Nationalsozialismus. Verschwörungsdenken geht von einer radikal veränderten Wahrnehmung aus. Meist gelangen die Anhänger dieser Denkweise durch eine fortschreitende und stetige Zerstörung ihrer früheren Überzeugungen zu ihrem neuen Glauben. Die Einsicht, einem Irrtum ausgeliefert zu sein, führt bei den Verschwörungstheoretikern meistens zu unangenehmen Erfahrungen, weil sie fest daran glauben, das entdeckt zu haben, was hinter einer Verschwörung steckt. Diese subjektive Wahrheit stellt sich aber in Wirklichkeit meist als eingebildete, erfundene dar. Der Grad der Akzeptanz von Verschwörungstheorien weist ein relativ breites Spektrum auf, das von dauerhafter Besessenheit und Wahnvorstellungen bis zum vorübergehenden ästhetischen Eindruck reicht, wie z. B. bei Skeptikern, die es amüsiert, mit den Ideen der Verschwörungstheoretiker zu spielen.

Weltverschwörungstheorien sind auch entscheidend geprägt von Feindbildern, wobei in der historischen Perspektive auffällt, dass besonders Juden und Freimaurer als Sündenböcke fungieren. Vor allem unter dem Einfluss des sozialen Wandels und Säkularisierungsprozesses verdichteten sich Verschwörungstheorien gegen Freimaurer und Juden, sodass aus der Sicht der alten Oberschichten und der Geistlichkeit sowie der durch den Industrialisierungsprozess verunsicherten Mittel- und Unterschichten der soziale Wandel als „Verjudung des christlichen Staates“ denunziert werden konnte. Da die Juden in diesem Zusammenhang zur Chiffre der Modernität wurden – und darüber hinaus aufgrund der noch immer sehr stark fortwirkenden christlich-mittelalterlichen Dämonologie mit unheimlichen Zügen ausgestattet werden konnten –, boten sie sich in besonderer Weise an, in den Mittelpunkt der antimodernistischen und antiliberalen Verschwörungstheorie gerückt zu werden.[17]

Zwischen der Zentralsteuerungshypothese und der Verschwörungsideologie gibt es Unterschiede, die sich in der Theorie weitgehend problemlos nachweisen lassen, während sich dies in der Praxis schwieriger gestaltet. In der Praxis sind die Grenzen zwischen einer realistischen Befürchtung und einem wahnhaften übersteigerten Verschwörungsmythos meist fließend. Rationale und ideologische Deutungen laufen dann ineinander über, wenn sich eine Zentralsteuerungshypothese kaum überprüfen lässt, zumal reale Verschwörungen sehr häufig geheim gehalten werden und daher schwer nachgewiesen werden können.

II. Strukturelemente einer Theorie über „Verschwörungsideen“: Definitionen, Begriffe, Funktionen und Ursachen

Um Verschwörungstheorien zu verstehen und sie richtig einzuschätzen, ist es notwendig, über ihre Inhalte, Besonderheiten, Funktionen und Ursachen kritisch zu reflektieren. Es geht zunächst vor allem um Arbeitsbegriffe und Arbeitshypothesen für die wissenschaftliche Erforschung von Verschwörungstheorien. Anschließend werden wesentliche Varianten von Verschwörungstheorien inhaltlich kurz vorgestellt und deren Funktionen auf verschiedenen Wirkungsebenen dargestellt. Schließlich werden auch die Ursachen für die Akzeptanz von Verschwörungstheorien herausgearbeitet.[18]

1. Begriffe und Definitionsversuche

Die nachfolgend erwähnten Begriffe werden idealtypisch zu klären versucht, um die Einordnung der unterschiedlichen Phänomene und die Erkenntnisse über sie zu erleichtern.

a. Verschwörung:

Darunter „versteht man eine meist geheim vollzogene Übereinkunft einer kleineren Gruppe von Personen“, die über den Weg einer Konspiration „die Durchsetzung eines konkreten Zieles“

plant. Wie die Geschichte zeigt, gab es solche realen Verschwörungen. Diese Tatsache darf aber nicht dazu führen, dass Theorien über vermutete Verschwörungen nicht zur Kenntnis genommen werden. Für diesen Unterschied gibt es Kriterien. Reale Verschwörungen unterscheiden sich von „Verschwörungstheorien“ vor allem dadurch, dass es sich bei ihnen immer um relativ kurzfristig angelegte Vorhaben mit einem konkreten Ziel handelt. Verschwörungstheorien gehen davon aus, dass konspiratives Wirken eine zeitlich weitaus größere Dimension einnimmt. Manche Positionen in den verschiedenen Theorien gehen sogar davon aus, dass epochenübergreifende historische Abläufe durch das konspirative Wirken geheimer Mächte gesteuert sind.[19]

b. Verschwörungshypothese:

Darunter versteht man die Auffassung, dass für ein bestimmtes Ereignis eine konspirative Handlungsweise als verursachender Faktor angenommen wird. Diese unbewiesene Festlegung unterscheidet sich von den beiden nachfolgend erwähnten Begriffen vor allem dadurch, dass sie durch empirische Forschung korrekturfähig erscheint und sich daher nicht vor gegenteiligen Beweisen immunisiert. Für ein bestimmtes Ereignis wird hier ein konspirativer Hintergrund als möglich oder wahrscheinlich angenommen, er wird aber nicht apodiktisch behauptet. Erweist sich der vermeintliche konspirative Hintergrund als ungenügend, wird die Hypothese modifiziert oder durch eine neue ersetzt.[20]

c. Verschwörungsideologie:

Auch sie geht von der angeblichen Tatsache einer Verschwörung für bestimmte (historische) Ereignisse aus, ist aber – im Gegensatz zur Verschwörungshypothese – nicht korrekturfähig. Verschwörungsideologien sind gekennzeichnet durch monokausale und stereotype Einstellungen. Die Existenz einer angeblichen verschwörerischen Aktion wird hier als sicher angenommen und in deren Wirken die wesentliche Ursache für das Zustandekommen einer bestimmten Entwicklung gesehen. In diesem Zusammenhang verweist die Verschwörungsideologie auf bestimmte Gruppen, die als Träger der Verschwörung gelten, wobei deren tatsächliche Bedeutung unter bewusster Ausklammerung anderer Faktoren maßlos überschätzt wird. In diesem Sinne ist die Verschwörungsideologie ein starres, unveränderliches Erkenntnisinstrument.[21]

d. Verschwörungsmythos:

Darunter versteht man eine Übersteigerung und Verdichtung der Verschwörungsideologie, wobei in der Forschungspraxis eine Abgrenzung von der Verschwörungsideologie schwierig erscheint, weil es hier fließende Übergänge gibt. Ein mögliches Differenzierungskriterium könnte sein, dass sich Verschwörungsideologien meist auf wirklich vorhandene Gruppen beziehen, denen ein konspiratives Handeln – bei aller Vorsichtigkeit – gegebenenfalls unterstellt werden könnte. Dies trifft bei Verschwörungsmythen nicht zu, weil sie angebliche konspirative Gruppen erfinden, die dann nur im Denken der Verschwörungstheoretiker ein Eigenleben führen. Gute Gegenargumente und empirische Belege werden ignoriert oder sogar als Beweise für die Existenz einer Verschwörung instrumentalisiert.[22]

e. Verschwörungstheorie:

Dieser Begriff ist nicht unumstritten, weil der Terminus „Theorie“ in der Regel nur für größer entwickelte, rational begründete

Modelle über einen bestimmten Sachverhalt verwendet wird. Das Verschwörungsdenken entwickelt jedoch kaum rational begründete Aussagen, sondern stärker pseudorationale Denkstrukturen. Daher muss man sich in der Forschung über diese Unterscheidung im Klaren sein. Erschwerend kommt hinzu, dass der Begriff „Verschwörungstheorie“ häufig inflationär und undifferenziert gebraucht wird. Der Begriff hat sich aber in vielen Veröffentlichungen durchgesetzt, sodass er mit Einschränkung auf die erwähnte Differenzierung zumindest als Arbeitshypothese verwendet werden kann, wenngleich es in der Forschung oft zu Vermischungen kommt.[23]

2. Varianten des Verschwörungsdenkens, der Verschwörungsideologien und Verschwörungsmythen

Seit dem 18. Jahrhundert haben sich – wie in Kapitel III ausführlicher gezeigt wird – verschiedene Verschwörungstheorien, -ideologien und -mythen herausgebildet, die sich durch Benennung der konspirativen Gruppen unterscheiden lassen. Hier werden zunächst nur einige konkrete ausgewählte Beispiele genannt.

Die Annahme einer Verschwörung der Juden ist die historisch älteste und auch verbreitetste Auffassung über konspiratives Handeln. Bereits im Mittelalter finden sich Hinweise im Zusammenhang mit den Vorwürfen der „Brunnenvergiftung“ und des „Ritualmordes“.[24] Bei dieser Variante wird einer geheimen Gruppe von Juden unterstellt, dass sie die Vergiftung von Brunnen und die Ermordung von christlichen Kindern geplant hätten. Im Laufe des 19. Jahrhunderts nehmen im Zusammenhang mit der Emanzipation des Judentums solche Verdächtigungen und Unterstellungen zu. Auch der „Mythos der Weisen von Zion“, der davon ausgeht, dass die Juden in den gefälschten „Protokollen der Weisen von Zion“ eine Strategie konspirativen Handelns mit dem Ziel der Erlangung der Weltherrschaft entwickelt hätten, geht auf diese frühen Anfänge einer Verschwörung der Juden zurück.[25]

Neben dem Judentum rücken seit dem 18. Jahrhundert auch die Freimaurer ins Zentrum der Verschwörungstheorien und -ideologien. Den Freimaurern als Geheimgesellschaft wurden vor allem im Zusammenhang mit der Aufklärung und der Französischen Revolution konspirative, revolutionäre Aktivitäten unterstellt.[26]

Auch der Geheimbund der Illuminaten, der 1776 in Ingolstadt gegründet wurde, rückte in der zweiten Hälfte des 18. und auch noch im 19. Jahrhundert ins Zentrum des Verschwörungsdenkens. Dieser politische Geheimbund, der Verbindungen zur Freimaurerei hatte und die Ideen der Aufklärung verbreiten wollte, wirkte weitgehend regional und zeitlich begrenzt. Trotzdem wurde ihm vorgeworfen, er hätte eine Verschwörung gegen die monarchische Ordnung vorbereitet.[27]

Die Verschwörung der Kommunisten, eine Verschwörungsideologie, die in der ersten Hälfte des 19. Jahrhunderts entstanden war, verfestigte sich in der zweiten Hälfte des 19. Jahrhunderts und wirkte bis zum Ende des Kalten Krieges durch die Auflösung der Sowjetunion weiter. Die Anhänger dieser Theorie führten Demonstrationen, Unruhen und Revolutionen ausschließlich auf das konspirative Wirken der Kommunisten und deren massive Unterwanderung staatlicher Einrichtungen zurück.[28]

Die Verschwörung der Kapitalisten kann in zweifacher Hinsicht gesehen werden. Ihre Anhänger unterstellten, kapitalistische Mächte hätten eine Einkreisungs- und Unterwanderungspolitik kapitalistischer Märkte gegen die Staaten des real existierenden Sozialismus unternommen, eine heimliche Herrschaft in den westlichen Demokratien angestrebt und Wirtschaftskrisen verursacht.[29] Die letztgenannte Variante ist die Verschwörung von „Geheimagenten“ oder „Geheimdiensten“, denen man die Durchführung von Attentaten und Staatsstreichen unterstellt.

Die hier ausgewählten Beispiele sollen verdeutlichen, dass es verschiedene Varianten des Verschwörungsdenkens gibt. Im historischen Teil des Buches werden noch andere Typen erwähnt, wie z. B. die Verschwörung der Jesuiten.[30]

3. Die Funktionen der Verschwörungsideologien

Vergleicht man die Kernaussagen von Verschwörungsideologien mit der sozialen und politischen Wirklichkeit, so kann man aus empirischer und rationaler Perspektive die Annahme einer Verschwörung kaum ernst nehmen. Eine Analyse zur Erklärung der Attraktivität und Wirkung von Verschwörungstheorien kann sich aber nicht damit zufrieden geben, Verschwörungsideologien mit Fakten zu widerlegen. Dazu stellte Hannah Arendt richtig fest: „Wenn, mit anderen Worten, eine so offensichtliche Fälschung wie die Protokolle der Weisen von Zion von so vielen geglaubt wird, daß sie die Bibel einer Massenbewegung werden kann, so handelt es sich darum, zu erklären, wie dies möglich ist, aber nicht darum, zum hundertsten Male zu beweisen, was ohnehin alle Welt weiß, nämlich, daß man es mit einer Fälschung zu tun hat."[31] Daher ist es wissenschaftlich notwendig, die Ursachen für die besondere Attraktivität des Verschwörungsdenkens zu untersuchen, wobei mehrere Funktionen zu unterscheiden wären, wie die Identitätsfunktion, die Erkenntnisfunktion, die Manipulationsfunktion und die Legitimationsfunktion.[32] Was die erstgenannte Funktion betrifft, muss besonders hervorgehoben werden, dass die Idee von Konspirationen starke Zugehörigkeitsgefühle vermittelt, nicht indem sie positive Identitätsmerkmale betont, sondern indem sie sich von den bösen Mächten und feindlichen Gruppen sowie deren Werten deutlich abgrenzt. Diese Wirkung bringt ein dualistisches Weltbild hervor, das von einem Kampf der „Guten" und „Bösen" geprägt ist. Unter den „Bösen" werden die angeblich konspirativ wirkenden Mächte und dämonisierten

Minderheitengruppen, die gleichzeitig Feindbilder darstellen, zusammengefasst. Die Anhänger der Verschwörungstheorie rechnen sich den „Guten" zu, woraus sich nicht nur eine formale, sondern auch eine inhaltliche Identitätszuordnung zu einer Gruppe ergibt.[33]

Verschwörungstheorien und -ideologien stellen in der Regel eine starke Reduzierung der komplexen Wirklichkeit dar. Daher erleichtern sie vermeintlich als Erkenntnisinstrument die Durchschaubarkeit komplexer Entwicklungen, die ansonsten schwer erklärbar sind. Anstelle von erforderlichen Ursachenforschungen über komplexe Prozesse werden von Verschwörungstheoretikern die Gründe für besondere Entwicklungen in konspirativen Gruppen und in deren Handlungsweisen gesehen. Für die Funktion von Verschwörungsideologien als Erkenntnisinstrument steht eine Aussage des NSDAP-Ideologen Alfred Rosenberg, der den Wiederabdruck der „Protokolle der Weisen von Zion" herausgab. Über die „Protokolle" schrieb er: „Das Erscheinen der sogenannten ‚Protokolle der Weisen von Zion' hat Millionen von Europäern die Schleier von den Augen gerissen. [...] Millionen fanden in ihnen plötzlich die Deutung vieler sonst unerklärlicher Erscheinungen der Gegenwart, die in ihren wichtigsten Anzeichen plötzlich nicht mehr als Zufälligkeiten wirkten, sondern als Folgen einer früher geheimen, nunmehr aufgedeckten Zusammenarbeit der Führer scheinbar sich erbittert bekämpfender Klassen, Parteien, Völker."[34] Die Verschwörungsideologie nimmt hier sogar den Charakter einer Offenbarung an.

Verschwörungsideologien werden auch als Manipulationsinstrument gezielt eingesetzt. Wichtig ist hier ein zentrales Feindbild mit eindeutigen Schuldzuweisungen für die von den Verschwörungstheoretikern abgelehnten Entwicklungen. Konspirative Gruppen werden mit Sündenböcken gleichgesetzt. Für die Funktion von Verschwörungsideologien als Manipulationsinstrument steht z. B. ein Zitat von Adolf Hitler in „Mein Kampf": „Es gehört zur Genialität eines großen Führers, selbst auseinanderliegende Gegner immer als nur zu einer Kategorie gehörend erscheinen zu lassen, weil die Erkenntnis verschiedener Feinde bei schlichten und unsicheren Charakteren nur zu leicht zum Anfang des Zweifels am eigenen Recht führt. [...] Dabei muß eine Vielzahl von innerlich verschiedenen Gegnern immer zusammengefaßt werden, so daß in der Einsicht der Masse der eigenen Anhänger der Kampf nur gegen einen Feind allein geführt wird."[35] Hitler betont hier den funktionalistischen Nutzen von Ideologien, wobei Verschwörungsideologien bewusst manipulativ eingesetzt werden und gleichzeitig auch ideologisch propagiert werden können.

Verschwörungstheorien können schließlich auch zur Rechtfertigung von Herrschafts-, Unterdrückungs- und Vernichtungsmaßnahmen dienen. Die Verschwörung „böser Mächte" dient als ideologische Begründung für das politische Vorgehen gegen die Protagonisten und Sympathisanten dieser Gruppen, die meist dämonisiert werden. Diese Legitimationsfunktion lässt sich am Nationalsozialismus sehr gut aufzeigen, wie Teile der Reichstagsrede von Adolf Hitler am 30. Januar 1939 verdeutlichen: „Ich will heute wieder ein Prophet sein: Wenn es dem internationalen Finanzjudentum in und außerhalb Europas gelingen sollte, die Völker noch einmal in einen Weltkrieg zu stürzen, dann wird das Ergebnis nicht die Bolschewisierung der Erde und damit der Sieg des Judentums sein, sondern die Vernichtung der jüdischen Rasse in Europa."[36] Die Formulierung „internationales Finanzjudentum" weist auf Hitlers Vorstellung von einer „jüdischen Verschwörung" hin und beschuldigt das Judentum als „Kriegstreiber". Mit Hitlers Anschuldigungen verband sich der Ausbruch des Zweiten Weltkrieges, den Hitler forcierte und mit dem er gleichzeitig auch die Vernichtung der Juden ankündigte. Dies ist ein eindeutiger Hinweis auf die Verschwörungstheorie als Legitimationsinstrument.[37]

4. Gründe für die Akzeptanz von Verschwörungstheorien

Schon die erwähnten Funktionen von Verschwörungsideologien zeigen Ursachen für die Akzeptanz von Verschwörungstheorien auf. Bei einer genaueren Betrachtung der Ursachen für Konspirationsauffassungen stellt sich heraus, dass ein ganzes Bündel von Gründen eine Rolle spielt. In der wissenschaftlichen Forschung sind hier vor allem drei Faktoren herausgearbeitet worden: psychologische, soziale und politische. Verschwörungstheorien und -ideologien vertreten nicht alle Menschen, sondern nur solche, die in der Regel eine bestimmte Charakterstruktur aufweisen, die häufig als „Verschwörungsmentalität“ umschrieben wird. In diesem Zusammenhang muss Theodor W. Adorno mit seinen sozialwissenschaftlichen „Studien zum autoritären Charakter“ genannt werden. Im Anschluss an diese Arbeiten haben Sozialwissenschaftler die „Beziehungen minoritäten-feindlicher Vorurteile zu umfassenden ideologischen und charakteriologischen Konfigurationen“[38] zu bestimmen versucht. Dabei werden Vorurteile in erster Linie als Ausdruck eines autoritären Charakters interpretiert. Als wesentliche Variablen des Autoritarismus sahen Adorno und die an ihn anknüpfenden Mitarbeiter Konventionalismus, autoritäre Unterwürfigkeit, autoritäre Aggression, Anti-Intrazeption, Aberglaube und Stereotypie, Machtdenken, Destruktivität, Zynismus und Projektivität.[39] Auch der Faktor Angst vor der angeblich einflussreichen Macht der Geheimbünde spielt dabei eine wesentliche Rolle. Zusammenfassend kommen die meisten Autoren zum Ergebnis, dass die Akzeptanz von Verschwörungstheorien und -ideologien eine besondere Charakterstruktur, die sie als „autoritär“ bezeichnen, voraussetzt.[40] Die Verschwörungsmentalität wäre demnach ein integraler Teil dieser Charakterstruktur.

Die Geschichte der Verschwörungstheorien verdeutlicht, dass es nicht durchgehend eine gesellschaftlich breite Akzeptanz von

Verschwörungsideologien gab und gibt. Verschwörungsdenken findet nur in historisch-politischen Umbruchszeiten eine größere Verbreitung. Als Beispiele können erwähnt werden: die Französische Revolution 1789, Revolutionen im 19. und 20. Jahrhundert (besonders die russischen Revolutionen 1905 und 1917), Ideologien und politische Bewegungen nach der Französischen Revolution sowie der Erste Weltkrieg und die Nachkriegszeit. In diesen historischen Phasen hat sich ein grundlegender gesellschaftlicher Umbruch im ökonomischen, politischen, sozialen und kulturellen Bereich vollzogen. Die damit verknüpfte Gesellschaftskrise führte jeweils dazu, dass traditionelle Deutungsmuster und Verhaltensweisen im historischen Prozess zu Verunsicherungen und Infragestellungen führten. Daraus resultierten das gesteigerte Interesse nach und die Notwendigkeit einer möglichst einfachen Erklärung für diese tief greifenden Veränderungen. Die Verschwörungsideologie bot hier ein einfaches Erkenntnisinstrument zur Erklärung eines komplexen Zusammenhangs an. Es ist daher kein Zufall, dass in den erwähnten historischen Beispielen vor allem jene gesellschaftlichen Schichten und Personenkreise zu den Anhängern bzw. Sympathisanten von Verschwörungstheorien zählten, die von den erwähnten Umbrüchen am stärksten negativ betroffen waren.[41]

Zur charakterlichen Verschwörungsmentalität und zur gesellschaftlichen Krisensituation kommen noch bestimmte Inhalte, die zu Verschwörungstheorien und -ideologien führen. Darunter ist gemeint, dass es sich bei den kritisierten und negativ beurteilten gesellschaftlichen Entwicklungen um das Ergebnis einer vermeintlichen Verschwörung handelt. In diesem Zusammenhang rückt die schon aufgezeigte Funktion der Verschwörungsideologie als Manipulationsinstrument in den Mittelpunkt des Verschwörungsdenkens. Konkretisiert werden solche Einschätzungen vor allem durch die propagandistische Agitation politischer Aktivisten, wobei dieses Wirken nicht nur auf Ablehnung, sondern eben auch auf gläubige Anhänger stößt. Unter den Vertretern der Verschwörungsideologien gibt es Protagonisten, die tatsächlich an Verschwörungstheorien glauben, und solche, die sie funktional als politisches Instrument gezielt einsetzen. Sie stoßen allerdings nur dann auf größere Akzeptanz, wenn die Inhalte der Konspirationsauffassungen sich in den jeweiligen Kulturen auf Verschwörungsmentalitäten, politische Ressentiments und Vorurteile berufen und stützen können.[42]

Alle erwähnten Faktoren spielen für die Verbreitung und die Akzeptanz von Verschwörungsideologien eine entscheidende Rolle. Nur die Kombination der psychologischen, sozialen und politischen Faktoren führt zu einer größeren gesellschaftlichen Rezeption und Wirkung des Verschwörungsdenkens. Ein eindimensionaler, monokausaler Erklärungszugang wäre hier nicht zielführend. Die Verschwörungsmentalität als ständig präsente individuelle Neigung zur Akzeptanz von Verschwörungstheorien muss nicht direkt manifest sein, sondern besteht auch als latent vorhandene Einstellung. Sie stellt einen relativ stabilen Faktor dar. Der Übergang der latenten Einstellung zur manifesten verschärft sich durch den direkten oder indirekten Druck auf Individuen, der vor allem in Umbruchszeiten stärkere Ausprägungen erfährt. Dadurch nehmen Ängste, Orientierungskrisen und Verunsicherungsgefühle wie auch der Wunsch nach Gewissheit, Erkenntnis, Identität und Ordnung zu. In diese Kerbe stoßen die Propagandisten und Sympathisanten von Verschwörungstheorien und motivieren die Anhänger des Verschwörungsdenkens zur Akzeptanz von Verschwörungsideologien.

III. Die Geschichte des Verschwörungsdenkens. Von der Aufklärung bis heute – ein Überblick

Die Juden und die Logenbrüder waren für die Rolle von „Sündenböcken“ in der Geschichte besonders geeignet, weil sie als privilegierte Minderheiten galten. Dabei spielte die Stellung des Judentums in der mittelalterlichen Sozialordnung eine wichtige Rolle. Da die Juden aus christlicher Sicht kollektiv für die Hinrichtung Jesu verantwortlich gemacht wurden, gelang ihnen die volle Integration in die religiös legitimierte Gesellschaft nicht. Die Folge dieser Entwicklung war, dass die in Ghettos verbannten Juden sich auf Kleinhandel, Wechselgeschäft und Geldverleih konzentrierten, die nach der christlichen Soziallehre nur über ein geringes Ansehen verfügten oder sogar als unchristlich galten. Auf diese Weise wurde der langsam entstehende ökonomisch-soziale Antisemitismus gefördert, der den christlichen Antisemitismus ergänzte.

1. Aufklärung und Französische Revolution

Die Verschwörungstheorie versteht sich als Reaktion auf Aufklärung und Französische Revolution.[43] Sie wurde dann im 19. und 20. Jahrhundert fortgeschrieben und weiterentwickelt, jeweils an die veränderten politisch-historischen Rahmenbedingungen angepasst und in diesem Zusammenhang säkularisiert und gleichzeitig auch radikalisiert. Hier kam es zu einer Verschiebung der kritisierten Subjekte der Verschwörung, von den Philosophen und Freidenkern zu den Freimaurern und Juden. Die Kombination des antisemitischen mit dem antimasonischen, speziell jedoch dem antikommunistischen Feindbild, das zur Vorstellung von einem „jüdischen Bolschewismus" bzw. der „Judokomuna" verdichtet worden ist, wurde in verhängnisvoller Weise geschichtswirksam.[44]

Neben antirevolutionären und antiliberalen „rechten" gab es auch sich fortschrittlich verstehende „linke" Verschwörungstheorien. Der Berliner Aufklärer und Verleger Friedrich Nicolai vertrat z. B. die Auffassung, dass die „ehrwürdige" Gesellschaft der Freimaurer insgeheim dazu benutzt worden sei, die Ausbreitung der römischen Hierarchie zu fördern. Er wurde damit zum Geburtshelfer einer spezifischen Ausprägung der „linken" Verschwörungsthese. Der 1784 einsetzende Kryptokatholizismus-Streit hat dieser These eine allgemeine Resonanz gegeben. Die Kontroverse wurde vor allem durch die Befürchtung angestoßen, dass nach dem Tode Friedrichs des Großen dessen Thronerbe auf Betreiben seiner rosenkreuzerischen Berater einen politischen Kurswechsel in der preußischen Religionspolitik ins Auge fassen und gleichzeitig die freie Diskussion über religiöse Fragen einschränken werde. Um dieser Entwicklung entgegenzutreten, startete der Herausgeber der „Berlinischen Monatsschrift" eine gegen die Rosenkreuzer gerichtete Pressekampagne, bei der die Kryptokatholizismus-These als Instrument der Polemik verwendet wurde, indem man der Kirche und den Jesuiten unterstellte, sie würden mit der Organisationsform der Rosenkreuzer die Politik beeinflussen und ihre Macht erweitern. Die Vorwürfe wurden mit Beispielen aus der Geschichte der freimaurerischen Hochgradsysteme belegt. Obwohl der Orden der Gold- und Rosenkreuzer[45] seine Tätigkeit um 1786 einstellte, zog sich der Kryptokatholizismus-Streit bis in die neunziger Jahre des 18. Jahrhunderts hin. Damit trug diese Kontroverse zur ideologischen Polarisierung im Vorfeld der Französischen Revolution bei. Die propagierte Vorstellung einer reaktionären, von Jesuiten geleiteten Konspiration begann sich langsam von ihrer Verflechtung mit der Freimaurerei zu lösen, wurde zur Erklärung der Jakobinerherrschaft in Frankreich herangezogen, trat im Rahmen der Auseinandersetzung mit Romantik und Restauration erneut in den Vordergrund und wirkte bis in die Zeit des Kulturkampfs 1871 bis 1887/88 weiter. Nicolai hielt die Hauptergebnisse seiner freimaurerhistorischen Studien in einem Manuskript fest, das er nur vertrauenswürdigen Männern zugänglich machte. Auch nach der Auflösung des Ordens der Gold- und Rosenkreuzer war Nicolai weiter davon überzeugt, dass die Freimaurerei als Fassade verschwörerischer Absichten missbraucht wurde.[46] So wurde von einigen Aufklärern im letzten Drittel des 18. Jahrhunderts die Vorstellung von einer das Licht der Aufklärung verdunkelnden reaktionären „exjesuitischen Verschwörung“ verbreitet.

Der Wiener Publizist und Herausgeber der „Wiener Zeitschrift“ Leopold Alois Hoffmann richtete seine Angriffe nicht nur gegen die Französische Revolution, sondern auch gegen die Freimaurer und Illuminaten.[47] Polizeiminister Anton Graf Pergen verdichtete Hoffmanns Kritik am Jakobinismus zu einer Verschwörungstheorie, indem er in den Geheimgesellschaften die Urheber der Revolution und radikaler Unruhen sah. In einer Instruktion, die die Unterdrückung „heimlicher Zusammenkünfte“ zum Gegenstand hatte, setzte er die angeblich noch bestehenden Logen unter Druck und drohte, ihre Tätigkeiten zu unterbinden.[48] In diesem politischen und geistigen Klima konnte sich der konservative, gegenaufklärerische Hoffmann publizistisch wirksam entfalten und den Konservativismus in Österreich verstärken. 1785/86 war er noch josephinischer Publizist, Mitte der achtziger Jahre wechselte er in das Lager der konservativen Gegner der Aufklärung und des Josephinismus über. Hoffmann war – wie viele Schriftsteller seiner Zeit – auch Freimaurer, kehrte der Freimaurerei aber nach dem Freimaurerpatent Josephs II. 1785 den Rücken.[49] Ab diesem Zeitpunkt kritisierte er das

Wirken und die Tätigkeit der österreichischen Freimaurerei und entwickelte sich zum Gegner der Aufklärung und der geheimen Gesellschaften. Sein Spott richtete sich zunächst gegen die Verfolgungssucht der norddeutschen und insbesondere der Berliner Aufklärer, gegen Friedrich Nicolai und die „Berlinische Monatsschrift" und deren „Jesuitenriecherei" und Angst vor „Proselytenmacherei". Freimaurer hätten sich zu „Kosmopolitismus" und „Religionsaufklärung" missbrauchen lassen, und um diesen Missbrauch zu fördern, wäre der „Illuminatismus" erfunden worden.[50] Der Zweck des Illuminatenordens sei „Untergrabung der Religion der Christen und Umschaffung der Freymaurerey zu einem verderblichen politischen Sistem".[51] Für ihn war die Französische Revolution ein Teil einer weit verzweigten, von den Illuminaten angezettelten Verschwörung. In Überspitzung seiner Verschwörungstheorie gelangte er nach den Jakobinerprozessen 1793/94 in Österreich zur Überzeugung, dass Wien von einer radikalen Partei heimgesucht werde, die enge Beziehungen zu den Pariser Jakobinern habe.[52]

Bei Hoffmann spielte – wie auch bei anderen konservativen Publizisten – die Abwehr der angeblich gefährlichen französischen Agenten eine zentrale Rolle. Ab dem Sommer 1789 war der Agent nicht nur eine konkrete Erscheinung, sondern auch Gegenstand einer allgemeinen Phobie. Nach 1792 wähnte man überall Agenten, die einen Putsch vorbereiteten oder die Verbreitung der Revolutionsideen förderten. Die fürstliche Reaktion in Deutschland legitimierte sich insbesondere gegenüber der einfachen Bevölkerung als präventive Maßnahme gegen die Gefahr einer Unterwühlung der bestehenden Ordnung. In diesem Sinne agierte auch Hoffmann, der die vermeintliche Entdeckung einer Propagandaorganisation zu einer Verschwörungstheorie ausbaute. Diese angebliche Propagandavereinigung wurde oft mit den bestehenden Jakobinerklubs nach 1792 in Verbindung gebracht. Der Glaube an die tatsächliche Existenz einer geheimen Propaganda verfestigte sich, als es Ende 1793 in Straßburg zur Gründung eines radikalen Jakobinerklubs kam, der sich „La propagande révolutionnaire" nannte. In Deutschland und in Österreich wurde dieser Klub als eindeutiger Beweis für die von Paris aus organisierte und gelenkte Propaganda angesehen.[53]

Kaiser Leopold II. beauftragte noch vor seinem Tod Hoffmann mit der Herausgabe des politischen Periodikums „Die Wiener Zeitschrift"[54] und der volkstümlich gehaltenen Wochenschrift für ein breiteres Lesepublikum „Die Bürger-Kronik". Nach dem Tod Leopolds II. 1792 legte Hoffmann allerdings die Redaktion nieder. Die „Wiener Zeitschrift" wurde zum wichtigsten Sprachrohr des frühen Konservativismus in Österreich. Sie war programmatisch so ausgerichtet, dass sie sich gegen die herrschende Strömung der Zeit, gegen die Aufklärungs- und Revolutionsideen wandte und damit zum ersten „bewusst konservativen Zielsetzungen" dienenden „Organ Mitteleuropas" wurde. Hoffmann hat die Angst vor einer Freimaurer- und Illuminatenverschwörung gezielt geschürt und verbreitet.[55] Unter Kaiser Franz II. verlor Hoffmann seinen Einfluss und bezeichnete sich selbst als Opfer eines verschwörerischen Komplotts, das sich gegen ihn gerichtet hätte.[56] Wegen seiner intensiven gegenrevolutionären publizistischen Tätigkeit wurde er über Österreich hinaus so berüchtigt, dass ihm die „Berliner Allgemeine Deutsche Bibliothek" 1793 unterstellte, er habe „die Rolle eines politischen Inquisitors und Denunzianten mit solchem Geräusch, mit solcher Unverschämtheit" gespielt, „daß sein Name und das Organ seiner Tätigkeit, die ‚Wiener Zeitschrift', in ganz Deutschland zum Sprüchwort geworden sei".[57]

Ein weiteres gutes Beispiel für eine gegenrevolutionäre Verschwörungstheorie ist die Eingabe eines Wiener Gubernialsekretärs 1790 an Kaiser Leopold II. Darin stand der angebliche Nachweis, dass „das Rad der gegenwärtigen Irrungen und Revolutionen Europens von der Bruderschaft der Freymaurer getrieben" werde.[58] Ein Augsburger Jesuit formulierte die Basis für den Verschwörungsglauben 1791: „Eine Bruderschaft, die unter Personen von verschiedenen Ständen eingegangen wird, hat kein Verhältnis zu der Verschiedenheit der hierarchischen Ordnung, welche Gott zur guten Leitung der Welt eingesetzt hat, daraus folgt unnachläßlich der Umsturz des geistlichen und weltlichen Systemes."[59] Hier übt die Verschwörungstheorie von einem ständisch-hierarchischen Standpunkt aus Fundamentalkritik am Gleichheitsprinzip und dies erhellt den Sachverhalt, dass sie nicht nur von Repräsentanten des Ancien Régime, sondern auch später von antiliberalen Kräften des Rechtsradikalismus (z. B. des Nationalsozialismus) in Anspruch genommen werden konnte. Auf diese Weise konstituierte die Verschwörungstheorie ein antimodernistisches Feindbild. Dieses hat später mitgeholfen, „christliche Konservative und Nationalsozialisten in gemeinsamer Frontstellung gegen Laizismus, Liberalismus und Sozialismus miteinander zu verbinden".[60]

Den notwendigen Nährboden für Verschwörungstheorien bilden meist – wie schon erwähnt – tief greifende gesellschaftliche und geistige Umbrüche. Verschwörungstheorien bieten den verunsicherten Menschen meist einfache Erklärungsmuster für die komplexe Realität und erfüllen eine rationalisierende Funktion, weil sie davon ausgehen, dass alle existenziellen Ängste durch gesellschaftliche Umbrüche hervorgerufen werden. Damit nehmen sie eine gefährliche Orientierungsfunktion wahr. Zudem sind sie durch eine interessengeleitete Denkstruktur charakterisiert. Die Verschwörungstheorie ist demnach nicht ein distanziertes und unparteiisches Erkenntnisinstrument, sondern vielmehr eine ideologisch-politische Waffe zur Feindbestimmung und Feindbekämpfung.[61] Dies alles war sie bereits in der zweiten Hälfte des 18. Jahrhunderts.

2. Augustin Barruel, Johann August Starck und John Robison

Die gegenrevolutionäre Verschwörungstheorie beruht auf einem antiaufklärerischen, antirevolutionären, integral-christlichen Weltbild. Der Abbé und Exjesuit Augustin Barruel entwickelte und publizierte sie unter Rückgriff auf deutsche Pamphlet-Literatur in seiner erstmals 1797/98 in London in mehreren Bänden herausgegebenen Schrift, in der er behauptete, dass Philosophen (Freidenker, Freimaurer, Physiokraten, Juden, Jakobiner und Republikaner) eine „Sekte" gebildet hätten, die sich „in Amerika mit den ersten Grundlagen des Codex der Gleichheit, der Freiheit und des Souveränen Volkes" angekündigt hätte.[62] Die ursprüngliche Verschwörungstheorie präsentierte sich also als aggressiver Ausdruck einer politischen Theologie, die durch die Gleichung „Demokratie ist gleich Atheismus" geprägt war. In der Freimaurerei als dem Subjekt der Verschwörungstheorie waren für die ersten Verschwörungstheoretiker die aufklärerischen Ideen von religiöser und konfessioneller Toleranz, kosmopolitischer Orientierung, Humanität, Freiheit und Brüderlichkeit nicht nur ideell, sondern auch in organisatorischer Form präsent. Im Arkanraum, im von außen abgeschirmten Innenraum der Logen, konnten die Freimaurer eine ideale Wert- und Sozialordnung erfahren.

Die Freimaurerei erweckte durch diese Toleranz und Wertordnung in orthodoxen Kirchenkreisen Argwohn und Ablehnung. Bereits 1746 wurde sie von Abbé Gaultier bezichtigt, eine „conspiration génerale contre la religion" vorzubereiten, und Abbé Larudan veröffentlichte 1747 in Amsterdam die Broschüre „Les francs-macons écrasés", in der er vor einer großen antikatholischen, protestantisch-freimaurerischen Verschwörung warnte.[63] Die Freimaurer machten, so hob er hervor, „die vollkommene Freiheit und Gleichheit, so uns von allen Arten der Obrigkeit losmacht [...] einem jeden beliebt und anständig". Cromwell hätte den Freimaurerorden deshalb gegründet, um

„das menschliche Geschlecht zu bessern und Könige und Potentaten, deren Geisel er war, auszurotten".[64] In der Schrift „Centinella contra Francs Masones" thematisierte der spanische Dominikaner und Inquisitor Joseph Torrubia das freimaurerische Toleranzprinzip folgendermaßen: „Der Katholik ist hier [in der Loge] der Bruder des Lutheraners, des Kalvinisten, des Zwinglianers, des Schismatikers und wer weiß, ob nicht des Mohammedaners und Juden."[65] 1778 griff der Aachener Dominikaner Greinemann die Freimaurer von der Kanzel aus an: „Die Juden, die den Heiland kreuzigten, waren Freimaurer, Pilatus und Herodes die Vorsteher einer Loge. Judas hatte sich, bevor er Jesus verriet, in einer Loge zum Maurer machen lassen."[66] Mit diesen Behauptungen stellte sich Greinemann in die Tradition des christlichen Antijudaismus und stellte erstmals die Juden und Freimaurer in einen konspirativen Zusammenhang.

Für Barruel und andere Verschwörungstheoretiker seiner Zeit waren die Bestrebungen der „Sekte" der Freimaurer eine Revolte gegen Gott: „Der Gott, der die Menschen für die bürgerliche Gesellschaft geschaffen hat, hat ihnen die vorgeblichen Rechte der Gleichheit und Freiheit, die Grundlagen der Unordnung und der Anarchie, nicht beigelegt. Der Gott, der uns die Herrschaft und die Aufrechterhaltung der Gesetze nur in der Subordination der Staatsbürger unter die Obrigkeiten und Regenten wahrnehmen lässet und zeiget, hat nicht jeden einzelnen Staatsbürger zum Regenten und zur Obrigkeit gemacht."[67]

Barruel geht von einer dreifachen Verschwörung aus, in der, „lange vor der Revolution, der Ruin der Kirche, der Ruin des Thrones und endlich der Ruin der ganzen bürgerlichen Gesellschaft geschmiedet wurde und noch geschmiedet wird".[68] Als Träger dieser stufenweisen Verschwörung nennt Barruel die Philosophen, nämlich die „Sophisten des Unglaubens und der Gottlosigkeit", die bürgerlich-konstitutionellen Revolutionäre, die „Sophisten des Aufruhrs" und schließlich die Illuminaten und Jakobiner, die er als „Sophisten der Anarchie" bezeichnet.[69] Die erste Stufe dieser Verschwörung, der Glaube an eine philosophische Konspiration, basiert auf einem ideologisch-geisteswissenschaftlichen Politikverständnis, das von einer Transformierung politischer Gestaltungsprinzipien aufklärerischer und masonischer Ideen, von indirektem zu direktem politischen Handeln ausgeht und damit einen Wertewandel hervorrief. In der von Augsburger Exjesuiten herausgegebenen „Neuesten Sammlung" wurde den Freimaurern in Verbindung mit Warnungen vor dem Geheimbund der Illuminaten nachgesagt: „Was soll man denken von einem Haufen Leute, die nichts als Freiheit atmen, die nichts schreiben, werden sie nicht auch frei handeln wollen?"[70]

Der deutsche Pfarrer Johann August Starck[71], der gleichfalls eine Verschwörungstheorie vertrat, kritisierte teilweise Barruels Auffassungen, die ihm zu wenig fundiert erschienen: „Allein bey dem Allen hat Barruel in sehr vielen und wichtigen Stücken sich gar sehr geirret, hat mehr dasjenige, was er einmal schon herausgesetzt hatte, dass es in dem Orden liegen müsse, in denselben hineingetragen, als daraus hergeleitet, hat zu leicht vom Einzelnen aufs allgemeine geschlossen, hat ganz neue, falsche erdichtete Gründe für alte und ächte Dokumente des Ordens gehalten, hat überhaupt die Sachen übertrieben, weil – er sie nicht gekannt hat."[72]

Starck, selbst Freimaurer, legte 1785 in seinem Roman „St. Nicaise" die angeblichen Torheiten der Freimaurer im 18. Jahrhundert bloß.[73] Seine Verschwörungstheorie entwickelte er in den neunziger Jahren des 18. Jahrhunderts in verschiedenen Publikationen, die in der Zeitschrift „Eudämonia" erschienen, und dann besonders in seinem Werk „Der Triumph der Philosophie im Achtzehnten Jahrhundert".[74] Seine Kernthese geht davon aus, dass die Französische Revolution die Folge der verderblichen Lehren der aufgeklärten Philosophen und ihrer konspirativen Anhänger war. Zwar stimmt er Barruels pauschaler Verurteilung der Logen nicht zu, doch hätten viele Bauhütten bedauerliche Schwächen bei der Abwehr der „philosophischen Infiltration", der Einflussnahme philosophischer Ideen gezeigt. Besonders heftig kritisiert er – ähnlich wie Hoffmann in Wien – jene Logen, die zu „Frontorganisationen des Illuminatenordens" geworden wären. Der Geheimbund der Illuminaten steht daher auch im Zentrum seiner Verschwörungstheorie, wonach diesem die Entzündung des Funkens gelungen sei, der die Französische Revolution entfacht habe.

John Robison, Professor für Naturphilosophie an der Universität Edinburgh und Sekretär der Royal Society, untersuchte in seinem Buch „Proofs of a Conspiracy"[75] die Freimaurerei, den Illuminatenorden, die „Deutsche Union" und die Jakobiner aus gemäßigterer Sicht als Barruel und Starck, weil er zwar den Radikalismus grundsätzlich ablehnte, gleichzeitig aber die Reste des Feudalismus und die absolute Monarchie bekämpfte. Er behauptete, der Illuminatenorden, der sein Gift in Europa versprüht hätte, existiere auch nach seiner Aufhebung weiter. Die Beweise für eine Verschwörung wurden von ihm aus einer protestantischen Perspektive bewertet.

3. 19. Jahrhundert: Restauration, die Revolutionen 1830 und 1848/49, der Kulturkampf

Die in direkter Reaktion auf die Französische Revolution voll ausgebildete und zu einem geschichtsphilosophischen System verdichtete Verschwörungstheorie wurde im 19. Jahrhundert keineswegs nur von politischen Sektierern, sondern auch von gesellschaftlich und politisch relevanten Gruppen als ideologisch-politisches Kampf- und Propagandainstrument gezielt verwendet. Zu diesem Zweck musste sie allerdings jeweils an die veränderten Zeitumstände angepasst werden. Diese ständig notwendige Aktualisierung im 19. Jahrhundert, zuerst 1830/31, dann 1848/49 und im Kulturkampf, hatte nicht zuletzt auch eine Säkularisierung der Komplott-Theorie zur Folge. Ohne ihre Verweltlichung hätte sie wahrscheinlich später keine Propagandawaffe des modernen Rechtsradikalismus bzw. Faschismus werden können.

Zunächst entwickelten sich freimaurerische Verschwörungstheoreme auch in der napoleonischen Zeit weiter, meist mit der Verbindung zum Illuminatenorden, wobei der Illuminaten-Verdacht nun vor allem von christlich-konservativen Traditionalisten gegen die Verfechter einer aufgeklärt-absolutistischen Politik gerichtet wurde. Während die Verschwörungstheorie die Französische Revolution als Ergebnis eines Komplotts von Philosophen, Freimaurern und Illuminaten sah, schien die Verschwörungsfurcht in der Restauration nachträglich inhaltlich bestätigt zu werden. Diese Entwicklung hatte zwangsläufig eine Verhärtung des konterrevolutionären Verschwörungsdenkens zur Folge. Illuminaten und ihre angeblichen direkten Nachfolger wie die Deutsche Union, die Tugendbündler und die Burschenschaften sowie der politische Geheimbund der Carbonari gerieten allesamt in den Verdacht, die Weltherrschaft anzustreben. Der Tugendbund hieß eigentlich „Gesellschaft zur Übung öffentlicher Tugenden“ oder „Sittlich-wissenschaftlicher Verein“. Er wurde 1808 gegründet und war u. a. auch politisch konspirativ tätig. Die Burschenschaften entstanden als Studentenverbindungen mit politischer Zielsetzung unmittelbar im Anschluss an die nationale Unabhängigkeitsbewegung von 1806 bis 1813 und als Ergebnis der in den folgenden Jahren einsetzenden Enttäuschung über nicht eingelöste Verfassungs- und Einheitsversprechungen. Die „Deutsche Union“, von Carl Friedrich Bahrdt 1786/87 zur Verwirklichung radikal-aufklärerischer Ideen und als überstaatliche geheime Korrespondenzgesellschaft ins Leben gerufen, wurde von vielen Gegnern der Aufklärung als Fortsetzung des Illuminatenordens gesehen. Im „Geheimsten Operationsplan“ der Union wurde als letzter Zweck die „Entthronung des Despotismus und Entfesselung der Menschheit“ hervorgehoben, eine Anspielung auf den notwendigen Sturz der Fürsten.[76]

Die deutschen Illuminaten galten 1796 der Direktorialregierung in Paris als willkommene Partner, sodass von kirchlicher Seite der Illuminatismus als Bundesgenosse der Franzosen denunziert wurde. Der Illuminatenverdacht richtete sich verstärkt von christlich-konservativen Traditionalisten gegen eine aufgeklärt-absolutistische Politik. Die von Napoleon durchgeführte Neuordnung Europas wurde von den Anhängern des Ancien Régime als Triumph des „verderblichen Illuminatismus" bezeichnet. Nachdem Napoleon 1804 das Kaisertum errichtet hatte, gab es verschiedene antinapoleonische Konspirationen, die von republikanischen und royalistischen Offizieren organisiert wurden. Diese Verschwörungen kulminierten in den Putschversuchen 1802 und 1812. Dabei spielten die „Philadelphes" (Filadelfi), eine freimaurerähnliche Vereinigung, von republikanischen Offizieren in Besançon gegründet und mit den napoleonischen Heeren mitgezogen, eine große Rolle. Zu ihnen gehörte auch Filippo Buonarroti. Barruel stellte die Behauptung auf, die „Verschwörung der Gleichen" Gracchus Babeufs hätte den Geist Adam Weishaupts, des Gründers des Illuminatenordens, geatmet.[77] Die Legende von der angeblichen Illuminatenverschwörung brachte in Frankreich eine spezifisch napoleonische Form hervor, indem propagandistisch unterstellt wurde, der Illuminatenorden hätte den Sturz der politischen Systeme und ihre Ersetzung durch Republiken angestrebt. In einer Denkschrift des Leiters des französischen Nachrichtendienstes in Deutschland 1810 wurden die Politiker Stein, Humboldt und Hardenberg sowie der Verschwörungstheoretiker Starck als Illuminaten denunziert und Staatskanzler Metternich und sein Sekretär Gentz als ihre Protektoren genannt.[78]

Auch Metternich hat allerdings immer wieder vor einer Verschwörung gewarnt und Gegenmaßnahmen veranlasst. Der Staatskanzler vertrat die Auffassung, „dem verheerenden Strome der Revolution" in Deutschland müssten Schranken gesetzt werden. „Keiner der beiden großen Höfe kann das Geschäft allein übernehmen; auch vereint selbst in Ansicht und Wille würde, in der heutigen Lage der Dinge, die engste Verbindung zwischen eben diesen Höfen ohne freiwillige Mitwirkung der deutschen Fürsten das Ziel kaum zu erreichen vermögen. Der lebendige Einfluß des benachbarten revolutionierten Frankreich, die enge Verbindung, welche offenkundig zwischen den deutschen Reformatoren und der französischen Propaganda besteht, würden sehr bald solche Zwischenspiele ersinnen, daß die heilsamsten Unternehmungen nicht nur scheitern müßten, sondern selbst zu unabsehbaren Complicationen führen würden. Die deutschen Fürsten ohne Mittel sich selbst zu retten, müssen dieselben im Bunde suchen, dort werden sie ihnen auf gesetzlichen Wegen geleistet werden können; hiezu gehört aber ein reif überlegter und fast ausgeführter Plan, dessen Grundpfeiler Österreich und Preußen allein zu seyn vermögen."[79] Als Grundlage dieser Verständigung erwähnte er mehrere Punkte, in denen verschwörungstheoretische Ideen bereits anklingen. Metternich konnte die Verschwörungsfurcht geschickt in den Dienst seiner Politik stellen. So müssen seine Hinweise auf Umsturzgefahr und seine beschwörenden Warnungen vor Revolutionen in erster Linie als politisch-taktischer Schachzug gesehen werden, für seine politischen Projekte und Vorhaben Anhänger zu gewinnen. In diesem Sinne schrieb er 1832 an den österreichischen Gesandten Kaspar Philipp Graf Spiegel nach München: „Der Fraktion, welche auf den Umsturz aller geselligen und politischen Ordnung und vor Allem auf den Sturz der Fürsten und ihrer Dynastien hinarbeitet, ist es in letzterer Zeit – ermuthigt durch die Ereignisse in Frankreich und Belgien – gelungen, im Gewande ständischer Opposition und durch den Mißbrauch der Presse ihren verderblichen Grundsätzen in mehreren deutschen Ländern und sogar in manchen Ministerien Eingang zu verschaffen."[80] In einem Brief an Wilhelm L. E. Fürst von Sayn-Wittgenstein 1833 hebt er besonders die revolutionäre Propaganda und ihre internationalen Verzweigungen hervor. Für ihn war Straßburg der Sitz der Filialanstalt für Deutschland und der Frankfurter Wachensturm (eine von einer studentischen und

Handwerker-Gruppe durchgeführte Erstürmung der Hauptwache und der Konstablerwache) ein von den Verschwörern vorbereitetes und „befohlenes" Ereignis. Die Hauptwerkzeuge seien Polen und Deutsche, und durch den Durchzug der Ersteren durch die Bundesstaaten hätten sich die Mittel der Propaganda entscheidend vermehrt.[81]

Metternich, der sehr klare Vorstellungen vom Kampf gegen Revolutionen entwickelt hat, formulierte seine Verschwörungstheorie vorwiegend in Briefen und Berichten. Revolutionäre Ideen waren für ihn „hohle", nicht realisierbare Versprechen und werden durch gezielte Agitation vorbereitet. Die Revolution verglich er mit einer schleichenden Krankheit, die das Volk vergifte und stets zu heftigen Fieberausbrüchen führe.[82]

Besondere Aufmerksamkeit schenkte er seit der Julirevolution 1830 auch der Schweiz, die zur bevorzugten Asylstätte der politischen Flüchtlinge geworden war. So schrieb er, dass die Schweiz die „Avantgarde der europäischen Propaganda" sei. Im Hambacher Fest der Studenten von 1832 sah er eine der gefährlichsten Folgen der Julirevolution von 1830, da hier besonders die republikanischen Tendenzen des politischen Liberalismus hervorgetreten seien. Hinter dieser Revolution standen für ihn letztlich die liberalen Ideen, die von der Aufklärung und der Französischen Revolution weiterentwickelt worden waren. Sie zu bekämpfen und ihre Ausbreitung möglichst in Grenzen zu halten, war ein wesentliches Element seiner Politik. Alle politischen Probleme seiner Zeit sah er ausschließlich im Hinblick auf die Alternative: Erhaltung oder Revolution. Die dritte Möglichkeit, die der Reform, blieb bei ihm unberücksichtigt. Im „Jungen Deutschland" sah er nicht nur eine Art „literarische Sekte", sondern eine Bewegung, die nach geistiger Revolution strebe und damit die politische vorbereite. In einem Brief 1835 an Sayn-Wittgenstein bezeichnete er in Überspitzung seiner Ablehnung der neuen literarischen Bewegung das „Junge Deutschland" als „Bande und Monstrosität": „Es ist mir [...] evident, daß wir es hier nicht mit Ausgeburten vereinzelter Schwindelköpfe – bloß mit liederlichen Buben, sondern mit einer in geschlossener Reihe fechtenden, der Propaganda angehörenden Bande zu tun haben."[83] Im selben Brief reflektierte er erneut über die Struktur von Revolutionen, die sich aus verschiedenen Elementen zusammensetzten, ähnlich wie das „Kriegsmaterial": „Es gibt Eisen, Salpeter, Kohle, Verstand und mechanische Gewalten. In der Verbindung der Sachen entsteht erst das eigentliche Kriegsmaterial. Ebenso steht es mit den Elementen der Revolutionen; sie liegen so tief in der menschlichen Natur, daß es wohl keinen Moment in dem Leben der Ruhe gibt, in welchem diese Elemente nicht bestünden. Der Unterschied liegt nur darin, ob sie vereinzelter oder konkreter dastehen, sicht- und fühlbar oder weniger bemerkbar sind, ein Unterschied, welcher auf Bedingungen der vielfachsten Art beruht. Während dem 18. Jahrhundert wurden die Elemente der Revolution gesammelt – verbunden und in Arsenalen zum künftigen Gebrauche verarbeitet. Ein fürchterlicher Vorrat wurde in dem französischen theistischen Philosophismus und dem deutschen Illuminatismus angehäuft. Im Jahre 1789 brach die Revolution aus, und welcher reichhaltige Vorrat an Kriegsmaterial vorhanden war, hat die Geschichte gelehrt."[84] Hier spricht Metternich erneut die Verschwörungstheorie an, in der dem Illuminatenorden eine zentrale Rolle zukommt. Er war davon überzeugt, dass eine bedeutende Geheimgesellschaft mit Zentrale in Paris (der Bund der Geächteten) einen umfassenden Revolutionsplan ausarbeite, um die Völker Europas gegen ihre Regierungen aufzuwiegeln. Paris war für ihn der „Sitz der Zentralloge der Emmissionen, der Sozialreformgesellschaften der Handwerkervereine" und der Sitz der „Revolution selbst, die nie als erschöpft anzusehen" sei, sondern einem Vulkan gleiche, der nur neuen Brennstoff sammle, um dann auszubrechen.[85]

In einem Brief an den bayerischen Feldmarschall Karl Philipp Fürst Wrede entwickelte Metternich nach dem Hambacher Fest 1833 erstmals das Konzept eines zentralen Informationsbüros zur geheimen politischen Überwachung. Dieses Büro sollte nach seiner Meinung in Mainz installiert werden. In einem Schreiben an den Wiener Polizeioberkommissär Karl Gustav Noë nimmt er erneut auf die Mainzer Zentralstelle Bezug: Die „verruchte Verbrüderung, welche seit einem halben Jahrhundert an dem Umsturze der bestehenden und selbst aller möglichen gesetzlichen Ordnung und aller Throne unablässig arbeitet, hat im Jahre 1830 in Frankreich einen bedeutenden Sieg errungen, welcher ihr jedoch keineswegs genügt: ihr Plan geht weiter, er umfaßt die Welt, – und von Paris, wo die revolutionäre Propaganda sitzt, bearbeitet diese Gesellschaft die verschiedenen Reiche Europas, um ihre verderblichen Lehren den Nationen einzuimpfen und die Völker gegen ihre Regierungen aufzuwiegeln. Der leitende Ausschuß, welcher das Zentrum dieser permanenten Verschwörung bildet, hat unter sich ebenso viele oberste Klubs als es Nationen gibt, deren Revolutionierung gehofft werden kann. Diese National-Klubs sind es, welche die in jedem Lande befindlichen revolutionären Elemente aufsuchen, ordnen und in Bewegung setzen [...] die Frankfurter Ereignisse vom 3. April [der Frankfurter Wachensturm] waren das Vorspiel eines ganz Deutschland umfassenden Planes."[86] Die Erforschung und Verhinderung solcher „Komplotte" sei eine „wahre Selbsterhaltungspflicht".[87] Dabei ging es Metternich besonders um die Aufdeckung der Pläne und Projekte der Pariser Zentralkomitees für Deutschland, die am besten durch die Errichtung einer Zentral-Polizei in Mainz geschehen könne. Diese Zentral-Stelle sollte nach Metternich folgende Aufgaben wahrnehmen:

„a) alle schon vorhandenen Spuren revolutionärer Umtriebe zu verfolgen;
b) aus den vorhandenen und nach und nach eingehenden Notizen ein möglichst vollständiges Bild der angelegten Verschwörung und ihrer geheimen Fäden zusammenzustellen;

c) durch die gegenseitige Mitteilung dieser Aufschlüsse die Regierungen in den Stand zu setzen, ohne Zeitverlust die etwa dringenden Vorkehrungen zu treffen;
d) über jeden, mit dem allgemeinen Zweck im Zusammenhange stehenden einzelnen Punkt auf Verlangen die nötigen Erhebungen zu pflegen;
e) vielleicht auch den Instruktionsrichtern bei dem Frankfurter Prozesse Aufschlüsse zu verschaffen, welche großen Einfluß auf den Gang und das Resultat der Untersuchung haben dürften."[88]

Für die Errichtung des Mainzer Informationsbüros waren letztlich die Julirevolution und die nach 1830 stärker werdende politische Opposition gegen Metternich und sein politisches System entscheidend, die sich in Geheimgesellschaften, Vereinen, Versammlungen und in der Presse formierte. Für Metternich stand fest, dass die Revolution und die dahinter stehenden Kräfte für die Monarchie eine große Gefahr darstellten. Im Mittelpunkt des Überwachungssystems und Agentennetzes stand daher die Ausweitung eines gut funktionierenden Konfidentensystems. Bezüglich Metternichs Verhältnis zur Revolution fällt auf, dass er in einer Art von Verfolgungswahn und in Übereinstimmung mit der Verschwörungstheorie Umstürze überall dort sah, wo neue Ideen und Bewegungen die tradierte Staats- und Gesellschaftsordnung in Frage stellten, wobei für ihn Revolten und Rebellionen von unten kommen und Revolutionen von oben ausgehen. Zur Störung des politisch-sozialen Gleichgewichts komme es dann, wenn die Regierung das revolutionäre Prinzip nicht von oben ersticke und bekämpfe. Die einzige politische Alternative war für ihn der Kampf gegen alles, was ihm revolutionär erschien, ein Kampf, der sich im Autoritäts-, Solidaritäts-, Interventions- und Präventivprinzip äußerte.[89] Dies waren die zentralen Grundbegriffe der restaurativen Politik Metternichs.

In den verschiedenen Verschwörungstheorien nach 1830 treten die geschichtstheologischen Elemente mehr und mehr zugunsten einer weltlichen, politischen Agitation in den Hintergrund. So stellte z. B. der Prager Advokat Eduard Emil Eckert 1852 die absurde Behauptung auf, dass die deutsche Reichsverfassung von 1848/49 von einem Freimaurerbund den Sozialdemokraten dekretiert worden sei.[90] Diese antisozialistische Komponente der Verschwörungstheorie wurde dann später von einigen Jesuiten weiterentwickelt. So erklärte z. B. der Jesuit Michael Pachtler, der von dem Juden Karl Marx gegründete Sozialistenbund stelle die „furchtbarste politische und religiöse Verschwörung in der ganzen Weltgeschichte" dar.[91] Dabei ging er davon aus, dass der gefürchtete Arbeiterbund nach der Struktur einer Freimaurerloge aufgebaut und eine Folge des verderblichen Liberalismus sei. Pachtler teilte die Meinung der antiliberalen Bewegungen, dass der Liberalismus jüdisch-freimaurerisch geprägt sei.[92] 1875 veröffentlichte er unter dem Pseudonym „Annarius Osseg" die Schrift „Der Hammer der Freimaurerei am Kaiserthrone der Habsburger", in der er die Organisation der Freimaurer frontal angriff und als tiefsten Grund „des europäischen Sturmes der Maurerei gegen die katholische Kirche" den „satanische[n] Hass gegen Gott" anführte.[93] Diese Polemiken setzte er in weiteren Schriften fort.[94]

Von der überwiegend auf Barruel aufbauenden Pamphletliteratur, die schließlich in den „Protokollen der Weisen von Zion" kulminierte, sind vor allem die 1881 bereits in vierter Auflage vorliegenden „Les sociétés secrètes ou la philosophie de l'histoire contemporaine" des Jesuitenpaters Nicolas Deschamps und das Buch „La Franc-Maçonnerie, Synagogue de Satan" des Erzbischofs Léon Meurin von 1893 hervorzuheben. Edouard Drumont hielt 1885 in seinem Machwerk „La France Juive" Adam Weishaupt für einen Juden und betrachtete die Freimaurerei als Institut der Juden. Abbé Isidore Bertrand schließlich denunzierte die Freimaurerei als „jüdische Sekte".[95] Alle diese Schriften zeigen, dass geschichtsphilosophische Dimensionen der Verschwörungstheorie von stärker weltlich-politischen Agitationen abgelöst wurden.

4. Antisemitismus und Faschismus

Da die Anfälligkeit für Verschwörungstheorien in Krisenzeiten sprunghaft zunahm, ist es verständlich, dass in Deutschland nach 1918 das verschwörungstheoretische Denken neue Aktualität erhielt. In seinem erstmals 1919 veröffentlichten und 1925 schon in sechster Auflage vorliegenden Werk „Weltfreimaurerei, Weltrevolution, Weltrepublik“[96] unternahm Friedrich Wichtl eine Situationsanalyse nach dem Muster der Komplott-Theorie. Nach der Lektüre dieses Buches vermerkte Heinrich Himmler, damals 19-jährig, in seinem Tagebuch: „Ein Buch, das über alles aufklärt und uns sagt, gegen wen wir zu kämpfen haben.“[97]

Seit der Zunahme des Antisemitismus im ausgehenden 19. und beginnenden 20. Jahrhundert trat das Judentum in der Verschwörungstheorie als wesentlicher Faktor hinzu, wobei auf ältere Vorstellungen zurückgegriffen wurde. NSDAP-Ideologe Alfred Rosenberg hob hervor, dass Juden und Freimaurer für das materielle und seelische Chaos verantwortlich wären. An der Spitze und hinter den Kulissen der Weltpolitik stünden Juden und Freimaurer, wobei jene Freimaurer, die die Weltpolitik entscheidend beeinflussten, in den Hochgradsystemen tätig wären. Rosenberg war fest davon überzeugt, dass in allen Staaten der Welt „Delegierte der Judenschaft“ in den Logen säßen. Er stützte sich hier vor allem auf die „Protokolle der Weisen von Zion“ und kam zur Überzeugung, hinter der nationalen Politik stehe als Lenker die „alljüdische Hochfinanz“. Diese hätte sich in nationalen philanthropischen und religiösen Weltbünden organisiert. Zu den „Protokollen der Weisen von Zion“ stellte Adolf Hitler fest: „Ich habe mit wahrer Erschütterung die ‚Protokolle der Weisen von

Zion' gelesen. Die gefährliche Verborgenheit des Feindes, seine Allgegenwärtigkeit."[98] Auch in Karl Heises Buch von 1919[99] finden sich – neben Gedanken über die innere Struktur von Logen, Großkapital und Bolschewismus, englisch-jüdisch-freimaurerische Weltherrschaftspläne – Hinweise auf Verbindungen zwischen Okkultismus und Freimaurerei, die von Ideen der Rosenkreuzer, Rudolf Steiners Anthroposophie, Helena Petrovna Blavatsky und Guido List beeinflusst waren.

Am Beispiel der Theorie von der jüdisch-freimaurerischen Weltverschwörung, auf die später noch genauer eingegangen wird, zeigt sich sehr deutlich eine Grundvoraussetzung des ideologisch akzentuierten Komplott-Denkens, nämlich die moralische Verabsolutierung einer gegebenen konkreten Sozialordnung und damit ein antiliberales Weltbild, das den sozialen Wandel dieser Ordnung und die Infragestellung überkommener Erwartungshaltungen als das illegitime und böswillige Werk dämonisierter Minderheiten auffasste.[100]

In der NS-Propaganda gerieten verschiedene Gruppierungen wie Juden, Jesuiten, Kommunisten, Sozialisten, Illuminaten und Freimaurer in eine Schusslinie, weil sie weltweit Vernetzungen aufgebaut hatten und als überstaatliche Mächte galten, die vom Nationalsozialismus, Austrofaschismus, italienischen Faschismus, von der Action française und dem Franco-Regime bekämpft wurden. Dies geschah in der Regel auf zwei Wegen: der Ausschaltung des angeblich zersetzenden Einflusses der Logen auf Staat und Gesellschaft und der Steigerung der propagandistischen Ausschlachtung des Feindbildes „Freimaurerei", insbesondere in Form der jüdisch-freimaurerischen Verschwörungstheorie.[101]

IV. Typologien des Verschwörungsdenkens

Im Verschwörungsdenken haben sich im Laufe der Geschichte verschiedene Varianten einer Typologie herausgebildet. Die hier entwickelten Varianten können zwar keinen Anspruch auf Vollständigkeit erheben, sind aber für das Verschwörungsdenken durchaus repräsentativ. In einem wesentlichen Zusammenhang zu ihnen stehen die durch die Verschwörungsideologie dämonisierten Minderheiten und Gruppen, die als vermeintliche Träger der Verschwörungen gelten. Die Forschung unterscheidet heute zwischen „rechten" und „linken" Verschwörungstheorien. In der vorliegenden Darstellung standen bisher die rechten Verschwörungstheorien im Vordergrund. Diese wurden vor allem von antiaufklärerischen, antirevolutionären und konservativen bis rechtsradikalen Gruppen vertreten. In diesem Zusammenhang entstand auch der antimodernistische Mythos, der der interessengeleiteten politischen Orientierung diente und auf der Reduktion einer komplexen Realität zu einem verengten Feindbild beruht. Einen entscheidenden Impuls zur Umgestaltung des Verschwörungsdenkens gaben der Sozialismus und sozialistische Organisationen. Als radikale Revolutionäre wurden sie unter die Verschwörer gegen die traditionelle Sozialordnung eingereiht.[102]

1. Die Verschwörung der Templer

Hugo von Payens war, wie die meisten Quellen berichten, der eigentliche Gründer des Templerordens, der dem Zweck dienen sollte, dem Kreuzfahrerstaat von Jerusalem militärischen Beistand zu leisten.[103] Die Idee, die dahinter stand, war die Bildung einer klösterlichen Gemeinschaft, die in Anlehnung an das Paulus-Wort vom „Soldaten Christi" eine Gemeinschaft perfekt ausgebildeter Krieger sein sollte. Angestrebt wurde eine Mischung aus Mönchstum und Rittertum, die den Erfordernissen eines Staates entsprechen sollte. Hugo von Payens schloss sich dem ersten kleinen Kern von Rittern an. Der Legende nach sollen es neun Ritter gewesen sein, die Gründung erfolgte um 1118/19. Sie fanden in Jerusalem sehr rasch die Unterstützung König Balduins, des Patriarchen sowie des hohen Klerus und der Chorherren vom Heiligen Grabe. Der König brachte sie im eigenen Palast in der Nähe der al-Aqsa-Moschee unter, wo sich einst der Salomonische Tempel erhoben hatte, und die Sepulchriner räumten ihnen das Recht ein, die weitläufigen unterirdischen Gewölbe innerhalb des Platzes im Palast als Stallungen zu nutzen. Um den Unterhalt der Ritter kümmerten sich der König und der Patriarch, die ein Gelübde zur bewaffneten Verteidigung der Pilger und auch ein Armuts-, Keuschheits- und Gehorsamsgelübde ablegten.

Zu Beginn war die kleine Bruderschaft noch kein Klosterorden. Erst auf dem Konzil von Troyes 1128 unter Papst Honorius II. wurde die als „Templer" bekannte Bruderschaft offiziell anerkannt und erhielt eine eigene von Bernhard von Clairvaux beeinflusste Regel. In ihrer Endfassung standen die Zeiten und Modi der Messen und des Gebetes, der Mahlzeiten des Gemeinschaftslebens sowie die Gehorsamspflichten gegenüber dem Großmeister. Die Regel forderte Armut, Mildtätigkeit, Bescheidenheit bei der Kleidung und die Ablehnung eines weltlichen Lebenswandels. Für viele Christen war allerdings problematisch, dass die Templer eine Verbindung von Kriegertum und Mönchstum herstellten.[104]

Im Jahre 1127 entschloss sich Hugo von Payens dazu, das christliche Palästina militärisch zu verstärken. Er unternahm eine Reise nach Syrien und Europa (Frankreich und England), um Unterstützer zu gewinnen und Geld für sein Unternehmen einzuwerben. Der Gründer des Templerordens konnte sich dabei propagandistisch auf den König von Jerusalem stützen, der die Reisekosten übernommen hatte. Ein Jahr später gelang es Hugo von Payens auf dem erwähnten Konzil von Troyes, auf dem die Gründung des Ordens befürwortet wurde, die Hilfe des Abtes Bernhard von Clairvaux zu bekommen. 1139 verlieh Papst Innozenz II. den Templern eine Reihe von wichtigen Privilegien. Papst Eugen III. erlaubte ihnen, die als Ordenstracht bereits den weißen Mantel trugen, die Hinzufügung eines roten „Tatzenkreuzes". Die Tempelherren gaben sich dann das Motto: „Nicht uns, o Herr, nicht uns, sondern deinem Namen gib die Ehre!"[105]

Noch vor seinem Tod 1136 hatte Hugo von Payens für die Vergrößerung des Ordens gesorgt. Nach dem Konzil von Troyes reiste er in die Normandie und auf Einladung Heinrichs I. nach England. Dort rief er eine Provinz der Templer (eine Ballei) ins Leben, bevor er zusammen mit Graf Fulko V. von Anjou, dem Balduin II. den Königsthron von Jerusalem anbot, nach Jerusalem zurückkehrte. Seine Mitstreiter auf dem Konzil bereisten Süditalien, Flandern und die Iberische Halbinsel, sodass sich in kurzer Zeit die Organisation der Templer weit über die Grenzen des Heiligen Landes hinaus in Provinzen und Kommenden mit Komtureien verzweigte. 1170 teilte sich der Orden in zehn Ordensprovinzen auf: Jerusalem, Tripolis, Antiochia im Heiligen Land, England, Poitou, Provence, Aragonien, Portugal, Puglien sowie Ungarn im Westen.

Für die rasche Ausbreitung des Ordens sorgten neben der konkreten Unterstützung durch die Kirche auch seine Privilegien und die Garantien der weltlichen Herrscher. Die Könige der Iberischen Halbinsel sahen im Templerorden den bewaffneten Arm der Kirche und in diesem eine wesentliche Unterstützung für ihren Kampf gegen die Mauren. Tempelritter kämpften bei der Reconquista, der christlichen Rückeroberung der Halbinsel, an vorderster Front. Viele Grundbesitzer und Wohlhabende, die die aus ihrer Sicht gerechte Sache der Kriegermönche begrüßten, waren den Templern gegenüber besonders großzügig. Aufgrund von Schenkungen, testamentarischen Verfügungen und Spenden verfügten die Tempelritter sehr bald über enorme Geldmittel und Liegenschaften. Aus diesem Fundus bestritt der Orden die Geld- und Nachschubsendungen ins Heilige Land, zudem nutzte er ihn auch für neue, friedliche Aktivitäten und Transaktionen ähnlich einer Bank. Die Geldmittel dienten in erster Linie den Erfordernissen des Ordens, wenngleich auch Außenstehende mitpartizipierten.

Mit dem Beginn der Gegenoffensive der Muselmanen im Nahen Osten wurden die Tempelritter, die im Heiligen Land die Pilger schützten, in erste militärische Auseinandersetzungen hineingezogen.[106] Der erste Angriff ging von den Seldschuken aus. Die kommenden Jahre waren geprägt von wechselndem Kriegsglück. Einerseits wurden die Templer wegen ihrer Opferbereitschaft positiv beurteilt, andere warfen ihnen große Beutegier vor.

Der immense Reichtum, den die Tempelritter anhäufen konnten, ging nicht nur auf die vielen und großzügigen Spenden zurück, sondern auch auf die kluge und umsichtige Verwaltung der Finanzen. Am Ende des 12. Jahrhunderts war der Templerorden zu einer beachtlichen Wirtschaftsmacht geworden, sodass er in mehreren Ländern eine Art Staat im Staate jenseits der Kontrolle jeder anderen Institution mit Ausnahme des Heiligen Stuhls bildete, mit dem er nach wie vor in einem engen Verhältnis stand.

Zum Untergang der Templer führten schließlich mehrere Schwächen des Ordens.[107] Ein erster Schlag gegen den Orden war die brutale Vorgehensweise König Philipps des Schönen. Der Wunsch Hugo von Payens, das Heilige Land dauerhaft zu erobern und den Pilgern Sicherheit zu geben, ist nicht in Erfüllung gegangen und wurde auch auf die ungenügende militärische Stärke des Templerordens und der anderen Kriegermönche zwischen den Kreuzzügen zurückgeführt. Den Tempelherren gelang es aufgrund ihrer herausragenden wirtschaftlichen Rolle nicht, sich aus den Ränkespielen der europäischen Politik herauszuhalten. Auch konnten die Templer, obwohl sie der Papst stützte, nicht mit der Unterstützung des übrigen Klerus rechnen. Der Orden war von der Zahlung des Zehnten befreit, was ihn beim Weltklerus verhasst machte, da dieser eine seiner Haupteinnahmequellen darstellte. Schließlich waren auch die militärischen Niederlagen mitentscheidend, die die Templer trotz ihrer guten Organisation erlitten.

1307 wurden auf Befehl des französischen Königs Philipps des Schönen alle Mitglieder des Templerordens, die in ihren Ordenshäusern waren, im gesamten Reichsgebiet verhaftet.[108] Neuere Forschungen sprechen von mindestens 100 echten Rittern unter insgesamt etwa 2000 Personen. Unter den Verhafteten befanden sich auch der Großmeister Jakob de Molay, die Präzeptoren der Normandie, Aquitaniens und Zyperns sowie der ehemalige Schatzmeister des französischen Königreichs. Die Anschuldigung lautete auf Häresie. Die Verhafteten hätten sich von Gott abgewandt. Die Anklage wegen Ketzerei hatte für die Angeklagten den gravierenden Nachteil, dass ihnen das Recht versagt war, über die Beschuldigungen und die Zeugen gegen sie informiert zu werden und einen Verteidiger bestellen zu können. Die Feinde der Templer nutzten diese Vorteile konsequent aus, um Geständnisse zu erpressen. In bestimmten Fällen wurde auch die Folter zum Einsatz gebracht. Besonders befremdlich muss für die Templer das Verhalten des französischen Königs gewesen sein, der dem Orden noch 1304 neue Privilegien zugestanden und Überlegungen zu einem neuen Kreuzzug gegen die Muslime angestellt hatte. In Wirklichkeit war der Plan zur Beseitigung der Templer, die in Paris eine Macht geworden waren, schon längere Zeit in Vorbereitung gewesen.

1310 wurde der großen Zahl der in Paris inhaftierten Ordensmitglieder die Erlaubnis erteilt, sich zu verteidigen. Da sie zahlenmäßig zu stark waren, um einzeln vernommen zu werden, mussten sie Vertreter wählen. Der Erzbischof von Sens sprach im Mai desselben Jahres gegen 54 Templer als rückfällige Ketzer Todesurteile aus (Tod durch den Scheiterhaufen), weil sie ihre Geständnisse widerrufen hatten. Das Urteil wurde noch im selben Monat vollstreckt. 1311 nahm die von Clemens V. 1308 einberufene allgemeine Synode in Vienne ihre Arbeit auf, die sich vor allem mit dem Problem des Templerordens befasste. Das Konzil entschied, dass die Vorwürfe gegen die Templer nicht bewiesen seien und sie das Recht auf Verteidigung hätten. In einer Bulle, die unter politischem Druck erlassen wurde, suspendierte Clemens kraft seines Amtes die Templer und mit weiteren Bullen übertrug er die Güter der Tempelherren auf den Hospitaliterorden. Abgeschlossen wurde der Prozess 1314 mit der Verurteilung der wichtigsten Repräsentanten des Templerordens durch ein Kirchentribunal: Großmeister Jakob de Molay, der Generalinspekteur von Frankreich und die Präzeptoren von Aquitanien und der Normandie sowie Geoffroy de Charnay wurden zu lebenslanger Festungshaft verurteilt. Als sie ihre Geständnisse widerriefen und erklärten, dass sie unter Folter zustande gekommen seien, ließ sie der französische König als rückfällige Ketzer bei langsamem Feuer auf einer Seine-Insel hinrichten. Die anderen europäischen Könige, die von Philipp dem Schönen und dem Papst aufgefordert wurden, ebenfalls gegen die Templer vorzugehen, entwickelten keinen besonderen Eifer, sodass sich etliche Ritter noch rechtzeitig in Sicherheit bringen konnten.[109]

Im Zusammenhang mit dem Weiterleben einzelner Templer in Wales, Schottland und Irland bildeten sich verschiedene Legenden heraus. Viele Templer wären trotz Verfolgungen noch in Freiheit gewesen, weil es ihnen gelungen war, Spuren ihrer früheren Tätigkeit zu verwischen. Möglicherweise hätten sie Zuflucht in der kleinen Armee des exkommunizierten Königs Robert (Bruce) gefunden, oder fast alle Ordensbrüder hätten als „raffinierte Politiker“ bei dessen „Guerillas“ Asyl gefunden, weil König Robert darauf verzichtete, die Aufhebung des schottischen Tempels gesetzlich zu vollziehen.[110]

Unter freimaurerischen Historikern und masonisch beeinflussten Autoren wurde u. a. der Standpunkt vertreten, dass sich die Templer unter dem Banner von Robert Bruce versammelten und mit ihm bei Bannockburn gekämpft hätten. Er hätte sie weiters als Anerkennung für ihre herausragenden Dienste zu einer neuen Körperschaft zusammengefasst. Eine andere Variante lautet, in Holyrood wäre, nachdem die Verfolgungen 1309 einsetzten, eine Inquisition durchgeführt worden, bei der angeblich nur zwei Ritter anwesend waren. Die anderen, die sich der gegen die Engländer marschierenden Armee von Robert Bruce angeschlossen hätten, wären an den Kämpfen beteiligt gewesen.[111] Die Verifizierung dieser Informationen bleibt allerdings ungewiss.

Zusammenfassend können, was das Überleben der Templer in Schottland betrifft, mindestens zwei Formen von Legenden differenziert werden. Die eine geht zurück auf Baron Karl von Hund, einen bedeutenden Freimaurer des 18. Jahrhunderts.[112] Auf der Basis des von ihm gegründeten masonischen Ritus, der sogenannten „Strikten Observanz", sollte der Templerorden wiederhergestellt werden. Diesem Ritus zufolge gelang Pierre d'Aumont, Präzeptor der Auvergne, zusammen mit sieben weiteren Rittern und zwei Präzeptoren um 1310 die Flucht aus Frankreich, und zwar zuerst nach Irland und zwei Jahre später nach Schottland auf die Insel Mull. Dort sollen sie sich mit anderen Templern, vermutlich Flüchtlinge aus England und Schottland, zusammengeschlossen haben. Der Führer dieser Gruppe soll ein Präzeptor mit dem Namen George Harris gewesen sein. Unter Leitung von Harris und Pierre d'Aumont habe man beschlossen, die Institution weiter bestehen zu lassen. Ein Verzeichnis von Großmeistern der Templer, das von Baron von Hund zusammengestellt wurde, erwähnt Pierre d'Aumont als Nachfolger des Großmeisters Jacques de Molay.[113]

Die Darstellung der „Strikten Observanz" ist bei genauerer Prüfung in einigen Details unzutreffend und fehlerhaft, wie z. B. Pierre d'Aumont nicht Präzeptor der Auvergne war, sondern Imbert Blanke, der 1306 nach England floh, aber dort verhaftet wurde.[114] Darüber hinaus ist es höchst unwahrscheinlich, dass Templer auf die Insel Mull geflohen sind, weil diese damals von Alexander McDougall von Lorn besetzt war, einem Verbündeten Edwards II., der ein Gegner von Bruce war.[115]

Zweifelsohne hat Baron von Hund die Verbreitung des angeblichen Templervermächtnisses innerhalb der Freimaurerei wesentlich beeinflusst und war selbst Freimaurer und Mitglied einer Loge in Frankfurt. 1742/43 war er in Paris, und zu Beginn der 1750er Jahre warb er für eine „neue“ Form der Freimaurerei, die sich direkt von den Templern herleitete. Er rechtfertigte dies mit der Erklärung, dass er während seines Aufenthaltes in Paris in die Templer-Freimaurerei eingeführt worden sei. Ein „unbekannter Oberer“ habe ihn in Hochgrade eingeweiht und zum „Chevalier Templier“ ernannt. Kurz nach seiner Aufnahme in den Orden sei er von einem weiteren „unbekannten Oberen“ Karl Eduard Stuart, dem Thronprätendenten, vorgestellt worden, der der geheime Großmeister der gesamten Freimaurerei gewesen sei.[116] Diese Form der Freimaurerei, von Baron von Hund eingeführt, wurde später unter dem Namen „Strikte Observanz“ bekannt. Der Name hing mit dem geforderten Eid zusammen, mit dem man den mysteriösen „unbekannten Oberen“ unerschütterlichen und bedingungslosen Gehorsam leistete. Die „Strikte Observanz“ wurde als direkte Nachfolge der Tempelritter verstanden, Mitglieder dieser Richtung erhoben den Anspruch, selbst Tempelritter zu sein. Leider konnte Baron von Hund diese Behauptungen nicht durch schlüssiges Beweismaterial begründen, sodass viele seiner Zeitgenossen ihn als Scharlatan und Schwindler bezeichneten und ihm vorwarfen, die Darstellung seiner Aufnahme, seines Treffens mit den „unbekannten Oberen“ und mit Karl Eduard Stuart erfunden zu haben. Baron von Hund betonte seine Integrität und behauptete, dass er von seinen ursprünglichen Förderern verraten worden sei.[117]

Ein Teil des Beweismaterials von Baron von Hund für die Ahnentafel der „Strikten Observanz“ bestand aus einem Großmeisterverzeichnis der ursprünglichen Tempelritter seit deren Gründung 1118. Es gab zahlreiche Verzeichnisse dieser Art, die allerdings voneinander abwichen und deshalb fragwürdig waren. Erst 1982 gelang es Michael Baigent und Richard Leigh, eine Liste der frühen Großmeister bis zum Fall Jerusalems vorzulegen.[118] Diese entstand mit Unterstützung von Informationen und Dokumenten, die zu Baron von Hunds Zeit nicht zugänglich waren.

Ein weiteres Indiz bezieht sich auf die Identität des „Ritters von der roten Feder", der Baron von Hund, wie dieser behauptete, 1742 zum Tempelritter ernannt habe. Baron von Hund war der Auffassung, dass dieser Ritter Karl Eduard Stuart gewesen sei. Andere Autoren sprechen in diesem Zusammenhang vom Earl of Kilmarnock, dem Großmeister der jakobitischen Freimaurerei in Frankreich. Heute wissen wir, wer sich hinter diesem Ritter als Person versteckte. Baigent und Leigh erhielten 1987 Zugang zu den Papieren der Gruppe „Stella Templum", die seit mehr als 200 Jahren ein Archiv mit jakobitisch-templerischen Dokumenten verwaltet. Darin fanden sie einen Brief vom 30. Juli 1846. Demnach war der „Ritter von der roten Feder" Alexander Seton, der allgemein als Alexander Montgomery, Zehnter Earl of Eglinton, bekannt war.

Nach der Rebellion von 1745 wurde die jakobitische Freimaurerei mit ihrer politischen Orientierung und ihrer Treue zu den Stuarts eigentlich überflüssig.[119] Trotzdem blieben einige Erscheinungsformen erhalten, die von ihrem politischen Inhalt entkleidet und durch die Mäßigung der Großloge von England gemildert worden waren. Zum Teil überlebten sie in den Hochgraden, die von Einrichtungen wie z. B. der Irischen Großloge angeboten wurden. Insbesondere blieben sie jedoch innerhalb der von Baron von Hund propagierten „Strikten Observanz" weiter bestehen. Ihr höchster Grad war der eines „Tempelritters". Die „Strikte Observanz" verbreitete sich dann über ganz Europa und entwickelte einen nicht zu unterschätzenden Einfluss.

Über die Geheimlehre der Tempelritter gibt es verschiedene Auffassungen, die auch zu Verschwörungstheorien geführt haben.[120] Betrachtet man die Struktur des Ordens, so ist deutlich erkennbar, dass nur relativ wenige Mitglieder zum Geheimwissen zugelassen wurden. Darin befindet sich ein beträchtlicher Teil der Tradition der Essener/Therapeuten und der Ismailiten/Batini. Der Templerorden entlehnte seine Geheimlehre zwar von der Bruderschaft der Baumeister, seinen Aufbau allerdings vom Orden der Streiter Gottes, der Juden und der Muslime. Der Grad des Ritters war der des Streiters Gottes bzw. des fida'is für die Errichtung des Gottesstaates. Diese Tatsache erklärt die charismatische Ausrichtung des Tempelritters, der Soldat und Mönch zugleich war und für die Ehre Gottes kämpfte. Die Geheimlehre der Tempelritter leitete sich vor allem von den Essenern, den Hermetikern, den Gnostikern, den Okkultisten, den Kabbalisten, den Alchimisten und den Sufis her, die alle das gleiche Ziel verfolgten, nämlich sich der Quelle des „großen Lichts" zu nähern, das die Geburt in ein neues Leben erlaubt, die Erlangung des tiefen Friedens bis zur Vereinigung mit dem Allmächtigen.[121] Diese Annäherung an das große Arkanum (Geheimnis, das Geheime) konnte nur langsam und stufenweise geschehen, da der Uneingeweihte die tiefe Wahrheit einer Lehre nicht ohne Weiteres erkennen kann.

In der Geheimlehre der Tempelritter gab es auch Elemente der babylonischen Astrologie, iranische Spekulation, zoroastrische Magie, ägyptische Geheimlehren, jüdische Zahlenmystik, griechische Philosophie, hellenistische Mysterienreligiosität, chinesische Esoterik, pythagoreische Sphärenharmonie, chaldäische Apokalyptik, christliche Gnostik und druidische Reintegration als Weg zur Erleuchtung und zu innerer Erkenntnis.[122] Da die katholische Kirche alle gnostischen und esoterischen Interpretationen der Religion als Häresie ansah und bekämpfte, musste der Templerorden, der nur dem Heiligen Stuhl unterstand, seine esoterische Lehre geheim halten. Er stand in einer langen Tradition der Gnostiker, Hermetiker, Kabbalisten und Sufis in der Verehrung Salomons als Zentrum allen Wissens. Darin besteht auch die wahre Bedeutung des Ordensnamens. Der damalige Großmeister des Templerordens, Jakob de Molay, rettete 1306 das esoterische Geheimwissen des Ordens und gründete in Frankreich eine Gesellenbruderschaft (Compagnonnage) mit Geheimwissen, Symbolen und Einweihungsriten. Ihr Ursprung wurde auf die Erbauung des Salomonischen Tempels unter der Leitung des Baumeisters Hiram zurückgeführt. Die Legende von der Ermordung des Baumeisters deckte sich genau mit jener der arabischen „Bruderschaft der Baumeister". Die neun Meister, die Hiram suchten, entdeckten das Grab dank eines frisch gepflanzten Akazienbaumes. Nach den Annalen dieser Bruderschaft sei angeblich durch den Großmeister 1306 die „Prieuré de Sion" in eine esoterisch-hermetische Baumeistergesellschaft umgewandelt worden. Ihr Ritual setzte sich zum Ziel, den jungen Mann in einen emotionalen Zustand zu bringen, um sich selbst zu vervollkommnen. Ihre Symbolik bestand aus Winkelmaß, Zirkel, Waage, Hammer, dem Salomonischen Pendel und Handschuhen. Sie kannte drei Grade: den Lehrling, den Gesellen und den Meister.[123]

Obwohl in den Prozessakten gegen die Templer immer wieder die Ketzerei, das magische Wissen und die Zusammenarbeit mit den Assassinen hervorgehoben wurden, haben die meisten Autoren nachzuweisen versucht, dass Neid und Geldgier des Königs von Frankreich die Hauptursache für den Prozess und das Verbot der Templer gewesen sei. Die Geheimlehre der Templer kommt in dieser Beurteilung zu kurz. Diese reichte in der Geschichte weit zurück und fand ihre Fortsetzung in den esoterischen Geheimlehren im Orient, in den alten Kulturen der Ägypter, in den jüdischen Kabbalisten, in der Hermetik, in der Tradition der Sufis und in der Bruderschaft der Baumeister. Die Gesellenbruderschaft „Compagnonnage" stand als interkonfessionelle Organisation jeder Religion offen und praktizierte mündliche Information und Initiation, kannte Symbole, auf die sie anspielte und die von Bauleuten herstammten, betonte die Erhabenheit und Würde der

Baukunst und verstand sich als „Königliche Kunst“. Die Bruderschaft kannte vier Grade: Lehrling, Geselle, Meister und Eingeweihter. Erst der vierte Grad eröffnete den Weg zum Geheimwissen, das von den Sufis in Südarabien übernommen wurde. Das Wissen teilte sich in 99 Stufen auf, eine Analogie zu den 99 Namen Gottes. Als das Haupt der Weisheit galt der, der den 100. Namen Gottes erfuhr. Der Bruderschaft galt der Salomonische Tempel als Vollendungspunkt allen Strebens nach menschlicher Perfektion und sie ließ die Legende von dessen Erbauung unter Leitung des Baumeisters Hiram wieder aufleben.[124]

Eine gewisse Ähnlichkeit zum Aufbau und zur Zielsetzung der Compagnonnage findet sich später bei der mystischen Bruderschaft der Rosenkreuzer. Das ältere Rosenkreuzertum muss im Rahmen der politischen, geistigen und gesellschaftlichen Spannungen der Reformation und Gegenreformation gesehen werden, wenngleich seine Ursprünge weiter zurückreichen.[125] Um 1600 entstanden in Deutschland mehrere Vereinigungen und Bünde, die in gemeinsamer Arbeit die vorherrschenden Anschauungen und Ordnungen zu verändern versuchten. Diese Bünde, die religiöse Toleranz übten, unterhielten Kontakte zu den italienischen Akademien und zu Sozietäten in den Niederlanden und England. Der Augsburger Religionsfriede war nach den harten Auseinandersetzungen nicht in der Lage, einen Ausgleich und eine Beruhigung der schwierigen Situation herbeizuführen. Diese bedrückenden Verhältnisse weckten andererseits auch die Hoffnung auf eine befreiende Weltveränderung. Der Geheimbund der Rosenkreuzer wollte eine „Generalreformation“ der Welt. Er erlangte eine nicht zu unterschätzende Bedeutung für Politik und Wissenschaft und nahm seinen Ausgangspunkt von den sogenannten rosenkreuzerischen Traktaten der „Fama fraternitatis“ und der „Confessio fraternitatis“, die 1614 und 1615 in Kassel erschienen.[126] Als Ziel wurde eine Gelehrtenrepublik ins Auge gefasst. 1616 erschien in Straßburg die „Chymische Hochzeit: Christiani Rosencreutz“, dessen Autor, Johann Valentin Andreae, wahrscheinlich auch maßgeblich an der Abfassung der erwähnten Rosenkreuzermanifeste beteiligt war.[127]

Im Zentrum der Überlegungen Andreaes stand – ganz im Sinne der lutherischen Reformen – das Bewusstsein der in ihrer Entwicklung stecken gebliebenen Reformation, die zwar die Lehre von abergläubischer Tradition gereinigt hatte, zur Verbesserung des Lebens aber nichts Entscheidendes beitragen konnte. Auf dieser Auffassung aufbauend, entwickelte Andreae die Idee einer Weiterführung der Reformation. Er forderte eine Sozietät, die die Verchristlichung des humanistischen Gelehrtenstandes anstrebe. In der Schrift „Chymische Hochzeit" wird die Einweihung des Christian Rosenkreuz in sieben Tagen geschildert, wobei die Alchemie als Symbol des Wandlungs- und Erneuerungsgeheimnisses fungierte. Auch der utopische Entwurf „Christianopolis" wurde im Umfeld der Rosenkreuzer 1619 von Andreae verfasst. Er stellt die Beschreibung des Staates „Christianopolis" dar, die in einem engen Zusammenhang mit dem „Nova Atlantis" von Francis Bacon und der „Civitas Solis" von Tommaso Campanella stand. „Christianopolis" wurde als Entwurf einer Gegenwelt konzipiert und galt als Paradigma einer Reformationsutopie.[128] Andreae thematisiert darin die Bildung einer Elitegemeinschaft, die die Verbesserung der Christenheit in die Hand nehmen sollte. Als oberste Prinzipien werden dabei soziale Gerechtigkeit und Verpflichtung zur Wahrheit betont.

Immer wieder wurde auch auf die Verbindung der Templer zur Freimaurerei hingewiesen. Dazu entstanden zahlreiche Theorien und Hypothesen, die z. T. auf starken Widerspruch stießen. Tatsache ist trotz unterschiedlichster Interpretationen und Begründungen, dass die Tempelritter-Tradition in die Freimaurerei Eingang gefunden hat, insbesondere in das System der „Strikten Observanz" und in die Hochgradsysteme des Schottischen Ritus und des Royal Arch. Ein wichtiges Indiz für den Zusammenhang der Freimaurerei mit den Tempelrittern war die neue Legende der Baukunst in den Logen, worüber mehrere Manuskripte des Bauhandwerks aus England überliefert sind, wie das Regius-Gedicht von 1390 oder die Cooke-Handschrift von 1410. Im Hochgradsystem des Alten und Angenommenen Schottischen Ritus finden sich heute nach wie vor starke Hinweise auf die Tempelritter-Tradition. Im Schottischen Hochgrad soll stufenweise nach dem „verlorenen Wort“ (bei Hirams Tod sei auch das Meisterwort verloren gegangen) gesucht werden. Er widmet sich in erster Linie dem Selbstvervollkommnungsprozess des Bruders, mit dem Ziel, sein maurerisches Gewissen auszuarbeiten und neue Erkenntnisse bezüglich des Transzendenten und über sich selbst zu gewinnen.[129]

Die Hochgrade spielen in der antimasonischen Propaganda eine zentrale Rolle, sind eines der Hauptangriffsziele und produzieren Verschwörungstheorien. In diesem Zusammenhang ist ständig die Rede von einer globalen Hochgradverschwörung, die mit der Geschichte von den „unsichtbaren Oberen“ eng verbunden ist. Dazu gehört z. B. Baron von Hund, der im 18. Jahrhundert die „Strikte Observanz“ gründete und – wie erwähnt – den englischen Thronprätendenten Charles Edward Stuart als „unsichtbaren Oberen“ bezeichnete. „Unsichtbare Obere“ waren dann später die Juden, und hier besonders der „Bnai-Brith-Orden“, die Jesuiten, die Sozialisten und Kommunisten. Diese „unsichtbaren Oberen“ arbeiten nach der Verschwörungstheorie streng konspirativ. Ein gutes Beispiel für das vermeintliche Wirken „geheimer Oberer“ sind zweifelsohne die „Protokolle der Weisen von Zion“. Zu diesen Konspirationsvorstellungen zählt aufgrund der Hochgradsysteme auch der Templerorden, dem gleichfalls esoterische Geheimnisse und Konspirationstätigkeiten zugeschrieben werden. Meist fehlen allerdings genaue Quellenhinweise, die eine Templer-Verschwörung hinter den Hochgraden überzeugend belegen könnten.

2. Die Verschwörung der Aufklärer und Philosophen

Das 18. Jahrhundert wird heute als das „Zeitalter der Aufklärung“ bezeichnet. Diese Kennzeichnung geht auf das Selbstverständnis einer geistigen und gesellschaftlichen Reformbewegung zurück, die sich selbst als Aufklärung beschrieben hat. Etwa seit der Mitte des 18. Jahrhunderts spricht man aufgrund des Erfolgs der Aufklärung von „aufgeklärten Zeiten“. Kant hat dann deutlicher zwischen einem „aufgeklärten Zeitalter“ und einem „Zeitalter der Aufklärung“ differenziert.[130]

Natürlich kann man diese Epochencharakterisierung wie andere Epochenbegriffe auch kritisch betrachten. Dennoch gibt es eine Reihe von Argumenten, den Begriff eines „Zeitalters der Aufklärung“ nicht leichtfertig über Bord zu werfen. Denn die damit gekennzeichnete Epoche unterscheidet sich von der vorhergehenden, dem sogenannten Barock, und der nachfolgenden, der sogenannten Romantik (bzw. der Klassik oder des Idealismus), deutlich: „durch eine betont nüchterne und rationale Einstellung zur Welt, durch typische Problemstellungen und Problemlösungen, durch zentrale Begriffe und Metaphern. Nicht zuletzt aber ist die Aufklärung durch ihr Selbstbewusstsein charakterisiert, mit dem sie sich von allen vorangegangenen Zeiten unterscheidet und aufgrund dessen sie sich selbst ihren Namen gegeben hat. Damit ist nicht gesagt, dass die Aufklärung sich selbst zureichend verstanden habe, aber dieses Selbstverständnis lässt sich ebenso wenig wie die mehr oder weniger ausgeprägten Strukturen dieser Aufklärung als irrelevant beiseite schieben. Im Übrigen kann und muss auch das Zeitalter der Aufklärung in größere Epochenzusammenhänge gestellt werden (Frühe Neuzeit, Emanzipation des Bürgertums), die allerdings meist nicht weniger problematisch sind.“[131]

Im 18. Jahrhundert gab es eine Reihe signifikanter Reformbestrebungen, genauer gesagt, zahlreiche Menschen, die sich selbst als Reformer verstanden, weil sie Neuerungen und Veränderungen anstrebten, und sich zugleich als Aufklärer begriffen, weil sie praktische Veränderungen durch geistigen Wandel erreichen wollten. Vor allem verstand sich Aufklärung zunächst als eine bewusste, reflektierte, ja sogar programmatische Aktion zur „Verbesserung des Verstandes" oder zur Beförderung der Vernunft auf allen Gebieten. Zu diesem Zwecke sollten Vorurteile und Aberglauben, Schwärmerei und Fanatismus bekämpft, also die herrschende Unvernunft nach Möglichkeit ausgerottet werden. Die Aufklärung lebte von der „Hoffnung auf Vernunft", ja sie war Wille zur Vernunft.[132] Die Wirklichkeit ist nach ihrer Ansicht unvernünftig, und sie kann und soll vernünftig werden. Von einer Herrschaft der Vernunft erwartete man sich auch eine bessere Moral sowie Glück und Freiheit. Verstand und Tugend sollten die Welt regieren, damit glückliche und freie Menschen in ihr leben können. Dieser Wunsch war zwar nicht neu, aber die Form, in der er sich darstellte, und das Engagement, mit dem er auftrat, heben das Zeitalter der Aufklärung unverkennbar von anderen Epochen ab.

Die europäische Aufklärung war keine einheitliche Bewegung, sondern in sich widersprüchlich, wies starke Ambivalenzen auf und brachte verschiedene, dialektisch miteinander verbundene, aber auch getrennte Strömungen hervor. In diesem Zusammenhang spricht man in der Aufklärungsforschung auch im Plural von „Aufklärungen".[133] Die Diskussion über „wahre" und „falsche" Aufklärung verdeutlicht diese Tendenz und verweist gleichzeitig auch auf die Grenzen der Aufklärungsbewegung. Die Aufklärung hat im Wesentlichen zwei Entwicklungsstränge hervorgebracht und deren Weiterentwicklung bis ins 20. Jahrhundert angestoßen: eine Strömung hin zum Liberalismus und zur Demokratie und eine Tendenz, die während der Französischen Revolution zur Jakobinerherrschaft und später zur totalitären Demokratie geführt hat. Die historischen Wurzeln der totalitären Machtstaatstheorie reichen bis in die Zeit der Aufklärung und Französischen Revolution zurück. Beide haben die Entstehung des totalitären Typs von Demokratie ermöglicht, beide haben aber auch den liberalen Typus von Demokratie geschaffen und damit die Entwicklung zur parlamentarischen Demokratie positiv beeinflusst.[134]

In den Aufklärungsideen sahen ihre Gegner im Zusammenhang mit der Französischen Revolution einen Kontinuitätsbruch in der historischen Entwicklung. Die Aufklärer spielten in den Verschwörungstheorien des 18. Jahrhunderts bereits eine gewichtige Rolle, weil sie die Ideen der französischen Staatsumwälzung in Europa verbreitet hätten. Dieser Vorwurf bot den konservativen Gegnern der Aufklärung eine relativ einfache Erklärung für die Bedrohung der gesellschaftlichen Ordnung in Europa. Zu ihren profiliertesten Vertretern gehörte der französische Jesuit Abbé Augustin Barruel, der in seiner Vorrede zu den „Denkwürdigkeiten" (erstmals in London 1797 erschienen) die These von einer dreifachen Verschwörung aufstellte. Er entwickelte eine dreiphasige, schrittweise Konspiration, die von den Philosophen der Aufklärung eingeleitet worden sei. Diese erste Stufe der Verschwörung hatte nach Barruel zum Ziel, die Altäre Christi zu zerstören. Ihre Träger waren die „Sophisten des Unglaubens und der Gottlosigkeit". Den Abschluss und Höhepunkt dieser weltweiten Verschwörung bildete die Französische Revolution.[135]

Das aufklärerische Verschwörungsdenken entwickelte sich auf der Basis eines teilweisen Rückbezugs auf gegenaufklärerische Argumente, auf ihre Urheber und auch aus einer Unzufriedenheit mit der Entwicklung der Aufklärungsbewegung. Diese hatten zwei wichtige Vorläufer, die engagierte Freimaurer und Illuminaten waren: Johann Joachim Christoph Bode und Adolph Freiherr von Knigge.[136] Bode kritisierte die Jesuiten und machte sie für Fehlentwicklungen in der institutionalisierten Aufklärung verantwortlich. Er meinte damit die Geheimgesellschaft der Freimaurer. Seine Vorstellungen, 1780/81 entwickelt, trug er auf dem Wilhelmsbader Freimaurer-Konvent von 1782 vor.[137] Freiherr von Knigge trat zur selben Zeit, allerdings anonym, mit polemischkämpferischem Antrieb publizistisch öffentlich hervor, und zwar mit der Broschüre „Ueber Jesuiten, Freymaurer und deutsche Rosencreutzer“.[138] Darin griff er die Jesuiten vehement an, indem er sie als machtgierige und willkürliche Organisation einstufte. Knigge verband in seiner Kritik zwei aktuelle und eng miteinander verbundene Probleme, die Aufklärung und die Geheimgesellschaften. Die Freimaurerei verteidigte er als nützliche Vereinigung, während er über den Jesuitenorden die Auffassung vertrat, dass dieser trotz Auflösung weiterhin agiere.[139] Die Berliner Spätaufklärer forderten daher eine staatlich geführte Bekämpfung und Unterdrückung der Jesuiten, die als Aufklärungsgegner galten.

Auch beim führenden Berliner Spätaufklärer Christoph Friedrich Nicolai, ebenfalls engagierter Freimaurer und Illuminat, gab es Berührungspunkte zur Verschwörungstheorie im Zusammenhang mit dem historischen Rückblick auf den Jesuitenorden. Wichtig war in diesem Kontext vor allem Nicolais Schrift „Ueber das Entstehen der Freymaurergesellschaft“.[140] Das Verschwörungsdenken der Aufklärer blieb im eigenen Bereich nicht ohne Widerspruch; vor allem fand es dort nicht jene Verbreitung, die sich die Gegner der Aufklärung erhofften.

Die Gegnerschaft zur Aufklärung wuchs mit den verstärkten sozialpraktischen, politischen und gesellschaftsreformerischen Aktivitäten der Aufklärer. Die Kritik nahm vor allem von theologischer und pädagogischer Seite zu. So wurden u. a. die „höllische Philosophie“ der Enzyklopädisten, aufklärerisch orientierte Publikationen, Streitschriften und Broschüren kritisiert und zu einer Verschwörergruppe der Philosophen verdichtet. Auch die Anfänge des Philanthropismus riefen Bedenken hervor. In diesem Zusammenhang wurde häufig die Anklage der „Staatszerrüttung“ erhoben und daraus eine Verschwörung konstruiert.[141] Der Aufklärung wurde weiters unterstellt, dass sie destruktiv und gemeingefährlich sei. Diese Polemik wurde noch dadurch verstärkt, dass sie sich auch gegen die Freimaurerei zu richten begann. Sozialreformerische Ideen wurden undifferenziert entstellt, wie z. B. Bibel- und Kirchenkritik als Religionsfeindschaft, lebenspraktische Volksaufklärung als Volksverwirrung und Geheimbündelei als Subversion und Verschwörung. Später erweiterten die Gegenaufklärer ihre Strategien und Argumentationen. Die Verschwörungstheorien konzentrierten sich nun auch auf „Enthüllungen" über falsche und subversive Aufklärung, die das Ziel verfolge, „erst Religion und Kirche, dann alle Moralität und Fürstenherrschaft zu untergraben".[142]

Starken Zuwachs und Festigung brachte den Gegenaufklärern und Verschwörungstheoretikern die Entdeckung des Geheimbundes der Illuminaten, die dazu führte, dass der Aufklärungsprozess aufgehalten oder sogar rückgängig gemacht wurde. Zur Bekämpfung und Abwehr der Aufklärung bedienten sich preußische Staatsbedienstete eines religiösen Geheimbundes, des Rosenkreuzer-Ordens. Die Gegner der Aufklärung erweiterten schließlich auch ihr publizistisch-literarisches Spektrum und ihre Argumentationsstrategie, indem sie die Widersacher moralisch diffamierten, staatsbürgerlich kriminalisierten und deren selbstkritisches Denken kritisierten.[143] Von Bedeutung für die ideologische Stärkung der Ziele der Gegenaufklärer waren auch die zunehmend wahnhaften Verschwörungslegenden konservativer Kräfte, wie z. B. der „Eudämonisten", die eine tendenziös entstellte Geschichte der Aufklärungsbewegung in systematischer Form in das 19. Jahrhundert transportierten.

Die Verschwörungstheorie blieb auch nach 1789 eine wesentliche Strategie der Gegenaufklärer. Unter ihnen gab es einen „kollektiven Verfolgungswahn", der sich am Beispiel des Komplott-Denkens gut aufzeigen lässt. Meistens waren die angenommenen Verschwörungen Reaktionen, die überzogenen Befürchtungen über die Weiterentwicklung der Aufklärung entsprangen.

3. Die Verschwörung der Freimaurer und Illuminaten

Die Freimaurerei hat als gesellschaftliche Formation die Aufklärung entscheidend mitgeprägt und auch eine wichtige soziale Rolle gespielt. Sie stellte mit ihren strukturellen Gemeinsamkeiten eine spezifische Antwort auf das System des (aufgeklärten) Absolutismus dar. Verschiedene Gruppen, wie der antiabsolutistische Adel, das finanzkräftige Bürgertum und die Philosophen, die sozial anerkannt, aber teilweise ohne politischen Einfluss waren und in den bestehenden Einrichtungen des absolutistischen Staates keinen adäquaten Raum fanden, trafen sich an Orten wie der Börse, in Kaffeehäusern, Akademien, Klubs und Salons, in Bibliotheken und literarischen Gesellschaften, um Kunst, Kultur und Wissenschaft zu betreiben. Versuche dieser Gruppen, eine selbstständige politische Tätigkeit zu entwickeln, scheiterten größtenteils am Staat, der seine Ordnung in Frage gestellt sah.[144]

Die Freimaurerei übte einen nicht unwesentlichen Einfluss auf die Erosion der höfisch-aristokratischen Standeskulturen und auf die Entstehung einer neuen bürgerlichen Oberschichtenkultur aus. Aufklärung und Geheimnis waren im freimaurerischen Verständnis kein Widerspruch. Das Geheimnis enthielt organisatorisch und symbolisch-kulturell bestimmte soziokulturelle Transformationspotenziale, die im Rahmen des Strukturwandels von der feudalen zur bürgerlichen Gesellschaft für das Bürgertum und auch für Teile des Adels emanzipatorische Aspekte aufwiesen. Dazu kam ein in Ansätzen entwickeltes demokratischen Potenzial in den Freimaurerlogen, das sich nicht nur in der ständischen Nivellierung, in der Verwirklichung der gesellschaftlichen Gleichheit in den Logen und im humanen Prinzip „Mensch unter Menschen" manifestierte, sondern auch in der Selbstordnung und Selbstverwaltung, in der relativ stark ausgeprägte Formen der Willensbildung erkennbar waren, und im offenen Bekenntnis zur Demokratie, das gegen das real bestehende politische System und gegen den ständisch aufgebauten Staat gerichtet war. Die demokratischen Ansätze zeigten sich besonders im freimaurerischen Postulat der natürlichen Gleichheit aller Menschen, das allerdings im Gegensatz zur faktischen gesellschaftlichen Ungleichheit stand. Diese Einstellung änderte sich erst nach 1789, denn nun glaubte ein Teil der Freimaurer, dass die Gleichheit auch im realpolitischen Raum durchgesetzt werden müsse, um den freimaurerischen Zielen zum Durchbruch zu verhelfen. Dabei blieben einige im Rahmen aufklärerischer Reformen, die radikaleren Logenmitglieder lehnten die revolutionäre Veränderung jedoch nicht prinzipiell ab.[145]

Wichtig erscheint in diesem Zusammenhang das komplexe Verhältnis der Freimaurerei zur Revolution und zum Jakobinismus. Die Logen in der Spätaufklärung und am Beginn der Französischen Revolution waren weder Zentren der Konspiration noch ideologische Kommissionen oder Generalstäbe des revolutionären Umsturzes, sondern in erster Linie Treffpunkte, Diskussionsrunden und Kommunikationszentren, Orte des persönlichen Kontaktes, Umschlagplätze für Ideen und Schriften, Anlaufstellen und Transmissionen für die Ideen der Aufklärung. Insofern war die Freimaurerei bei der geistig-kulturellen Vorbereitung der Revolution durch ihr kulturelles, humanitäres und gesellschaftliches Engagement ihrer Mitglieder direkt und indirekt beteiligt, zumal die gesellschaftlichen und politischen Verhältnisse des Ancien Régime trotz Reformen noch immer im Gegensatz zu den freimaurerischen, humanitär-ethischen Anliegen standen. Auch das demokratische Potenzial der Logenkultur stand vor 1789 noch in einem inadäquaten Verhältnis zur gesellschaftlichen Wirklichkeit. Das hier angesprochene Demokratieverständnis der Freimaurerei war z. T. noch vorrevolutionär und entsprang dem Ideologisierungsprozess der politischen Spätaufklärung, war aber gleichzeitig bereits – sofern es sich um Vorstellungen handelte, die nach 1789 entwickelt wurden – von der Französischen Revolution beeinflusst. Vor 1789 war das Demokratie- und Republikverständnis, das sich teilweise an antiken

Vorbildern orientierte, noch stark moralisch verankert und stellte daher nur eine ethische Bedrohung des Staates dar. Nach 1789 wurde dieses Verständnis politischer, zumal die Französische Revolution die Hierarchien der Gesellschaft durch das Prinzip der Gleichheit ersetzte und damit ein wichtiges freimaurerisches Postulat durchsetzte, das bereits vor 1789 in den Logen praktiziert wurde.[146]

Die Freimaurerei stellte eine neue, der entstehenden bürgerlichen Gesellschaft entsprechende Organisationsform dar. Sozialontologisch hat dies Gotthold Ephraim Lessing in seinem Freimaurergespräch „Ernst und Falk" etwas überspitzt zum Ausdruck gebracht. Darin tritt besonders die soziale und gesellschaftliche Funktion der Logen hervor. Die Bürger integrierten den sozial anerkannten, politisch jedoch z. T. entrechteten Adel und schufen damit eine Grundlage zur Zusammenarbeit auf der Basis sozialer Gleichberechtigung.[147]

Diese Freiheit vom Staat war wohl das eigentliche „Politikum" der an sich als Organisation unpolitischen Freimaurerei, denn ihre Unabhängigkeit und Freiheit konnte sie nur in jenem Bereich verwirklichen, der nicht unter dem Einfluss der kirchlichen und politischen Instanzen stand. Ihr geheimer Charakter hatte daher auch eine entscheidende Schutzfunktion vor der Kirche und dem Staat. Die gemeinsame Teilnahme am „arcanum" gewährleistete die Gleichheit der Brüder und glich die im realpolitischen Raum vorhandenen ständischen Differenzen aus. Durch die Trennung von der Außenwelt und die kritische Einstellung zur bestehenden sozialen, religiösen und staatlichen Ordnung entstand eine neue Elite. Diese Trennung zwischen einem weltlichen Außenraum und einem moralischen Innenraum wurde schließlich auf die Gesellschaft selbst übertragen und im Hinblick auf Führungsaufgaben unterschieden. Die Grade (Erkenntnisstufen) schufen ein Schleusensystem, das innerhalb der Freimaurerei nach oben hin offen war, nicht aber nach unten und außen. Im Mittelpunkt der Logen, in denen sich die als kosmopolitische

Weltbürger verstehenden Mitglieder eine selbst geschaffene Ordnung gaben, stand die ritualisierte Freundschaft, die in der Trennung von der Außenwelt, jenseits der ständisch aufgebauten Gesellschaft, der Konfessionen und Staaten, erlebt wurde. Durch das Fehlen eines eigenständigen wirtschaftlich starken Bürgertums und durch die strukturelle Krise des späten Absolutismus wurde dann die Freimaurerei als Mitträger der Aufklärungsbewegung zurückgedrängt. Ihr Niedergang führte schließlich zu einer Aufspaltung in verschiedene ideologisch-politische Richtungen und zur Gründung neuer Geheimgesellschaften wie die Gold- und Rosenkreuzer und Illuminaten.[148]

Die ursprünglich gegenrevolutionäre Verschwörungstheorie als Reflex auf die Französische Revolution beruhte auf einem antiaufklärerischen, antirevolutionären, integral-christlichen Weltbild. Der Abbé und Exjesuit Augustin Barruel entwickelte sie – wie schon erwähnt – erstmals 1797/98 in London und publizierte die in neun europäische Sprachen übersetzten „Mémoires pour servir à l'histoire du Jacobinisme". Darin behauptete er, dass die Philosophen, Freidenker, Freimaurer, Physiokraten, Juden, Jakobiner und Republikaner eine Sekte gegründet hätten, und diagnostizierte eine dreifache Verschwörung, die zum Ausbruch der Französischen Revolution geführt habe. Die These von einer „philosophischen Konjuration" stützt sich vor allem auf dieses Werk. Barruels „dreyfache Verschwörung" im Detail:

„1. Viele Jahre vor dieser französischen Revolution komplottierten Menschen, die sich Philosophen nennen ließen, gegen den Gott des Evangeliums, gegen das ganze Christenthum ohne Ausnahme, ohne Unterschied der protestantischen oder katholischen, der englischen oder bischöflichen Kirche. Diese Verschwörung hatte zum wesentlichen Zweck, alle Altäre Jesu Christi zu zerstören. Sie war die Verschwörung der Sophisten des Unglaubens und der Gottlosigkeit.

2. In der Schule dieser Sophisten des Unglaubens bildeten sich bald die Sophisten des Aufruhrs, und diese, indem sie mit der Verschwörung der Gottlosigkeit gegen die Altäre Christi noch die Verschwörung gegen alle Thronen der Könige verbanden, vereinigten sich mit der alten Sekte, deren Komplotte das wahre Geheimnis der höhern Grade einiger Zweige der Freimaurerei ausmachten, wo aber nur den Auserwählten der Auserwählten dieses Geheimnis ihres eingewurzelten Hasses gegen die christliche Religion und die Fürsten mitgeteilt wurde.

3. Aus den Sophisten des Unglaubens und der Empörung entstanden die Sophisten der Anarchie, und diese komplottierten nicht mehr gegen das Christenthum allein, sondern gegen jede Religion, selbst gegen die natürliche; nicht bloß gegen die Könige, sondern gegen jede Regierungsform, gegen jede bürgerliche Gesellschaft, und selbst gegen jede Art des Eigenthums.

Diese dritte Sekte vereinigte sich unter dem Namen der Illuminaten, mit denen gegen Christus und gegen Christus und die Könige zugleich verschworenen Sophisten und (Frei-)Maurern. Aus dieser Coalition der Adepten des Unglaubens, der Adepten der Empörung und der Adepten der Anarchie, entstanden die Klubs der Jakobiner."[149]

In diesem Phasenschema werden die Verursacher der Französischen Revolution genannt, die die traditionelle Sozial- und Wertordnung erschüttert und ihre geistigen Grundlagen zerstört hätten. Dabei werden auch die Verschwörer gegen die Monarchie sozial lokalisiert. Die beiden gegen Thron und Altar gerichteten Verschwörungen würden – so Barruel – in einer sich zwangsläufig ergebenden, apokalyptischen dritten Verschwörung in der Jakobinerherrschaft kulminieren. Diese Verschwörungstheorie, die im Einflussfeld der Französischen Revolution entstand, war in verschiedenen Variationen das Grundmodell für weitere Verschwörungstheorien im 19. Jahrhundert.

War die Französische Revolution 1789 ein wichtiger Faktor für Barruels Verschwörungstheorie, in der die Freimaurerei eine bedeutende Rolle spielte, so muss in diesem Zusammenhang auch auf die vierziger Jahre des 18. Jahrhunderts hingewiesen werden, als verschiedene Vertreter der katholischen Orthodoxie Schriften publizierten, worin bereits den Freimaurern ein konspiratives Wirken unterstellt wurde. In diesem Zusammenhang kam es zu Verurteilungen der Freimaurer, die als Aufrührer und Umstürzler, Atheisten und Ketzer, Sodomisten und Zauberer bezeichnet wurden. In zahlreichen Predigten kam es zu Diffamierungen der Freimaurer, die man als „Schelme, Spitzbuben und Teufelsbanner" verketzerte. Noch während der Französischen Revolution, im Zeitraum von 1790 bis 1795, erschienen vorwiegend von deutschen Autoren mehrere anonyme Schriften, die vor allem die Freimaurer und Illuminaten beschuldigten, die Revolution konspirativ vorbereitet zu haben.

Neben Barruel entwickelten dann auch – wie bereits erwähnt – John Robison und Johann August Starck Verschwörungstheorien, in deren Mittelpunkt die Freimaurerei stand. Robisons Buch „Proofs of a Conspiracy" erreichte eine weite Verbreitung (auch in Amerika) und wurde in vier Sprachen übersetzt. Er sah – ähnlich wie Barruel – hinter allen politischen Veränderungen das Wirken von geheimen Gesellschaften. Starck erblickte im konspirativen Handeln der von den Illuminaten beeinflussten Freimaurer die alleinige Ursache für die Französische Revolution. Als Reaktion auf die Revolution 1848/49 erschienen dann weitere verschwörungstheoretische Schriften, in denen die Freimaurer als Zentrum der Zerstörungstätigkeit gegen Kirche, Staat, Familie und Eigentum angesehen wurden, wobei sich diese der Mittel des Verrats und der Gewalt bedient hätten. Die Freimaurerei wurde schließlich als atheistische Organisation gesehen, die einen geheimen Krieg gegen die Gesellschaftsordnung von Thron und Altar führe.

Meistens wurde das Wirken der Freimaurer mit dem Judentum in Verbindung gebracht, sodass später die nationalsozialistische These von der jüdisch-freimaurerischen Weltverschwörung konkrete Formen annahm. Nach ihr strebten die Freimaurer die Weltherrschaft an. Hinterfragt man diese Thesen kritisch, fallen sie wie ein Kartenhaus in sich zusammen, da die Freimaurer nicht von „geheimen Oberen" oder einer einzigen Zentrale beherrscht wurden, sondern zahlreiche Systeme und Obedienzen (Richtungen) bildeten und keine oberste Weltregierung hatten. Ihre Tätigkeit als Organisation war nie konspirativ oder politisch.

Der politische Geheimbund der Illuminaten wurde 1776 von Adam Weishaupt, Professor für kanonisches Recht an der Universität Ingolstadt, gegründet.[150] Mit der Mitgliedschaft des Freiherrn Adolph von Knigge verbreitete er sich nach 1780 über ganz Deutschland und erfasste auch andere Länder. Am 2. März 1785 wurde der Geheimbund in Bayern nach seiner Aufdeckung von Kurfürst Karl Theodor verboten, seine Mitglieder wurden verfolgt. Weishaupt hat kein systematisch-philosophisches Werk verfasst, das als ideologische Fundierung seiner Geheimgesellschaft bezeichnet werden könnte. Trotzdem vermitteln die erhaltenen Statuten, Instruktionen und späteren Schriften einen guten Einblick in die Ziele und das System des Ordens. Darüber hinaus geben sie wertvolle Aufschlüsse über die Wurzeln seines Denkens, die sich nicht nur auf die radikalen französischen Aufklärer und Enzyklopädisten zurückführen lassen, sondern auch auf antike Mysterien und esoterische Wurzeln. Der Geheimbund der Illuminaten, der von Beginn an einen politisch-rationalen Kern besaß und sich schon deshalb von den Freimaurern und Rosenkreuzern unterschied, wollte über eine langfristig angelegte Durchdringung der Staatsämter und kirchlichen Positionen die wichtigsten politischen Stellen unter seine Kontrolle bringen. Die Verwirklichung dieses politischen Plans scheiterte jedoch am bayerischen Staatsapparat.

Im Mittelpunkt des Illuminatengeheimnisses, in das die Mitglieder stufenweise eingeführt werden sollten, stand ein geschichtsphilosophischer Entwurf, der unabhängig vom Grad der

Wirkungsgeschichte des Ordens einen bemerkenswerten Versuch einer frühen bürgerlichen Geschichtsphilosophie darstellt.[151] Dieser Entwurf verfolgte auch die politische Absicht – die z. T. von der deutschen Aufklärung artikuliert wurde –, die Herrschaft der Vernunft im und für den absolutistischen Staat verbindlich einzuführen. In der „Anrede an die neu aufzunehmenden Illuminatos dirigentes" (1782) Weishaupts sind die wichtigsten theoretischen Aussagen enthalten, die alle geplanten Aktivitäten motivieren und gleichzeitig auch legitimieren sollten. Die Einführung in das politische Führungsgremium war, wie den Worten Weishaupts entnommen werden kann, eine geschichtsphilosophische Initiation. Hinter dem Geheimnis, das Weishaupt darin erwähnt, steht die philosophische Vorstellung vom Ursprung und Ziel der Geschichte, die die führenden Illuminaten realisieren sollten. Das Weltall wird im System des Illuminatenordens als „Wirkung einer höchsten vollkommensten und unendlichen Ursache" gesehen, weshalb in dieser Welt Ordnung und Harmonie herrsche. Nach der Konzeption Weishaupts, in der Geheimbünde als Mittel der Emanzipation der menschlichen Gesellschaft gesehen werden, ist die Geschichte der Menschheit identisch mit der Geschichte der Vervollkommnung des ganzen Menschengeschlechts, wobei sich dieser Weg stufenweise nach dem Plan der Natur entwickelt. Die Bedürfnisse des Menschen bilden dabei ihre innere Triebkraft. Kultur, Verfeinerung der Sitten und Entwicklung der schlafenden Geisteskräfte sind nach den Bedürfnissen ausgerichtet. Der Geschichtsprozess entfaltet sich in drei Phasen. Er nimmt seinen Ausgang vom natürlichen Urzustand, entwickelt sich durch Steigerung der Bedürfnisse zu Abhängigkeitsverhältnissen, zu Herrschaft und Knechtschaft, zur Bevormundung der unmündig gehaltenen Menschen durch Adel und Geistlichkeit bis zum Despotismus weiter und mündet dann in ein von Geheimbünden initiiertes Reich der Vernunft und Tugend.[152]

Geheimgesellschaften kommt dabei eine große Bedeutung zu, da sie in der Geschichte der Menschheit eine welthistorische

Funktion erfüllen. Weishaupt sieht in ihnen die geeignetsten Mittel, den Despotismus zu überwinden und einen kosmopolitischen Republikanismus zu errichten. In der letzten Entwicklungsstufe des Geschichtsprozesses ist ein Bund von Aufklärern bestrebt, die Menschheit aus der Unfreiheit und Ungleichheit in die Freiheit und Gleichheit zu führen, um einen Weltzustand zu schaffen, der von der Vernunft bestimmt und geregelt wird. Dabei handelt es sich um eine kosmopolitische Weltordnung ohne Staaten, Fürsten und Stände. Die Aufklärer, die sich zu organisieren begännen, fassten die Wiederherstellung der menschlichen Rechte und die Förderung von Aufklärung und Moral ins Auge, um so jede Herrschaft langsam abzubauen. Die Vernunft sollte das „alleinige Gesetzbuch der Menschen", das Menschengeschlecht „dereinst eine Familie und die Welt der Aufenthalt vernünftiger Menschen" werden.[153] Unter Aufklärung verstand Weishaupt hier weniger eine geistige Bewegung als vielmehr eine moralische und politische Qualität. Sie war bei ihm nicht identisch mit theoretischen, abstrakten Problemen, sondern veränderte Menschen und ihre Gesellschaft und trug zur Vervollkommnung der Menschen bei. Moral förderte die Freiheit und damit die Befreiung von jeder Herrschaft.

Nach Weishaupt ist die Verwirklichung dieses Zieles realistisch, da der Mensch nicht von Natur aus böse ist und sein Heil auch nicht durch Unterjochung erlangt. Diese Auffassung war gezielt gegen die kirchlichen Gegner der Aufklärung gerichtet. Weishaupt betonte auch die politische Funktion von Aufklärung und Moral. So trat er für die Einführung der Demokratie durch einen Bewusstseinswandel ein, wollte aber gleichzeitig keine gewaltsame Aufhebung der Monarchie. Demokratie war bei ihm nicht mit Volkssouveränität gleichzusetzen, sondern bedeutete „Herrschaft ohne Willkür, Herrschaft der Vernunft und das gleiche Recht für alle".[154] Über den Zweck geheimer Verbindungen reflektierte er in seiner Schrift „Pythagoras oder Betrachtungen über die geheime Welt- und Regierungs-Kunst" (1790), in der er ausdrücklich betont, dass in Geheimgesellschaften durch eigene Erfahrung des Menschen „ein anhaltendes, dringendes Bedürfniß“ entstehe, „seine Absichten zu veredeln“ und die Sittlichkeit zu fördern.[155]

Der Illuminatenorden, der ähnlich strukturiert war wie die von ihm bekämpften Systeme, fasste als politisches Ziel die Errichtung einer kosmopolitischen Weltordnung ohne Staaten, Fürsten und Stände ins Auge. Zwar hieß es in allen Statuten, dass Staat und Religion unangetastet bleiben sollten, doch betraf dies nur die unteren Grade im Ordenssystem und stand in keinem Widerspruch zu den politischen Zielen des Geheimbundes. Die angestrebten politischen Veränderungen sollten nicht durch Revolution, sondern durch die Moral als „gewaltlose Reform“ erreicht werden. Das Werk der Geschichte sollte nach Weishaupts Auffassung nicht mit Gewalt, sondern ausschließlich „durch die systematische und stille Beförderung von Tugend und Moral“ vollstreckt werden.[156] Von diesem Gesichtspunkt aus muss auch im Hinblick auf Verschwörungstheorien die Frage des Verhältnisses von Illuminaten und Jakobinern neu gestellt werden, weil es zwar inhaltliche und persönliche Berührungen zwischen beiden Bewegungen gab, aber doch auch Unterschiede deutlich hervortraten. Im Grunde wollten die Illuminaten keine Volksherrschaft. Sie strebten vielmehr eine „Aristokratie des Geistes“ an, die nicht unbedingt im Widerspruch zum Aufgeklärten Absolutismus stand.[157]

Weishaupt versuchte im Rahmen seiner Entwicklungsgeschichte der Menschheit die historische Funktion seines Illuminatenordens geschichtsphilosophisch zu legitimieren, weshalb in diesem Zusammenhang von den Anfängen der bürgerlichen Geschichtsphilosophie gesprochen wurde. In seinem „Pythagoras“ bezeichnete er den Illuminatenorden als die einzige mögliche Basis einer „Generalreformation der Welt im Geiste radikaler Aufklärung“.[158] Dieses geschichtsphilosophische Konzept war nicht Selbstzweck. Weishaupt begründete das System des Ordens und die Funktion, die dieses System hatte. Neben dem Aufklärungsmotiv wies die Geschichtsphilosophie auch auf ein politisch-dynamisches, zum Eingriff in den Gang der Weltgeschichte hindrängendes Motiv auf, das sich aber nicht aus der vorgestellten politischen Form einer revolutionären Bewegung, sondern aus der Idee des konspirativen Handelns ableitete. Der Aufbau des Ordens war ganz dem Ziel einer stufenweisen moralischen Läuterung und Selbstbefreiung des Menschen aus der Heteronomie zur freien sittlichen Selbstbestimmung unterworfen. In drei wesentlichen Punkten hob sich das geschichtsphilosophische Konzept Weishaupts von allen Versuchen der Aufklärung ab, Zielvorstellungen in einen universalen geschichtsphilosophischen Begründungszusammenhang einzubinden: Die Illuminaten dehnten erstmals unter dem Namen der Aufklärung den Geltungsanspruch vernünftiger Normen auf den staatlichen Bereich aus, sie erweiterten den Begriff der Freiheit und lehnten alle bisherigen Mittel der Aufklärung ab, indem sie sehr bewusst die politische Aktion forderten. Da sie zum ersten Mal im Namen der Aufklärung einen politischen Herrschaftsanspruch anmeldeten, leiteten sie in der Politisierung der Aufklärung eine wichtige Stufe ein.[159]

Die aufgeklärte Vernunft sollte durch die Errichtung eines „Sittenregiments“ verwirklicht werden. Eine Besserung der Welt und der menschlichen Gesellschaft sei nicht nur durch Propagierung der Aufklärung und Tugend möglich, sondern vor allem durch ein allgemeines „Sittenregiment“, das nur von einem Geheimbund errichtet werden könne. In der neueren Forschung ist zu Recht darauf hingewiesen worden, dass der Illuminatenorden durch sein politisches Ziel und seine durchrationalisierte Organisationsstruktur im 18. Jahrhundert als Geheimbund eine Sonderstellung einnahm. Wie bei den Freimaurern spielte auch im Illuminatenorden das „Geheimnis“ eine wichtige Rolle, wobei dieses kein Wert an sich war, sondern funktionale Bedeutung besaß. Das Geheimnis war beim Orden ein rationales Mittel für die Verbreitung von Aufklärung und den Aufbau des Bundes, weshalb Rituale und Zeremonien, wie sie in der Freimaurerei gepflogen wurden, hier keine besondere Rolle spielten. Weishaupt selbst betonte, dass das Geheimnis das einzige Mittel sei, die Menschheit zu bessern und sie zu Tugend und Aufklärung hinzuführen, wobei das Bedürfnis nach dem Geheimnisvollen einem Naturtrieb des Menschen entspreche. Das Geheimnis implizierte keine Umsturzpläne, dafür aber die politische Konsequenz der moralischen Pläne, die verschleiert wurden und sich gegen den absolutistischen Staat richteten.

Da die bürgerliche Gesellschaft von sich aus nicht in der Lage war, die Ziele des Ordens zu verwirklichen, musste außerhalb des Staates und der Kirche ein Sittenregiment errichtet werden, zumal die bürgerliche Verfassung von beiden Mächten beherrscht wurde. Das Geheimnis, das Schutz nach innen und nach außen bot, sollte innerhalb des Illuminatenordens schrittweise enthüllt werden, um einen Anreiz zur Besserung und Läuterung zu bieten. Dies deckte sich bis zu einem gewissen Grad mit der Freimaurerei. Im Gradsystem des Illuminatenordens stand die Idee eines „Welterziehungsplans“ im Vordergrund, der politisch-emanzipatorische Absichten verfolgte, Bildung und Aufklärung als Grundlage der Emanzipation von Fürsten- und Kirchenherrschaft institutionalisierte und selbst Anspruch auf ein weltliches Regiment erhob, das die bisherige Herrschaft ersetzen sollte. Dieser Plan war den einzelnen Mitgliedern zunächst nicht in allen Details bekannt, er offenbarte sich erst schrittweise vom Noviziat bis zum leitenden Illuminaten. Insgesamt sah der Ordensplan vier Klassen vor: die Minervalklasse, die blaue Maurerei, die Mysterienklasse und die höheren Mysterien. Die zweite Klasse bildete die Freimaurerei. Erzielte der neu aufgenommene Illuminat keinen weiteren Fortschritt, musste er dort verbleiben, ansonsten wurde er befördert, die „Illuminati maiores“ leiteten teilweise jene Freimaurerlogen, die in den Händen des Ordens lagen, und hatten Einblick in die Ordensziele. Die letzte Klasse umfasste die höheren Grade, die sogenannten Mysterien, die den „obersten Conseil“ bildeten. Sie bestanden aus dem Priester- und Regentengrad und der eigentlichen Leitung des Geheimbundes (Magus, Rex). Der Rex war zur Regierung der Welt bestimmt. Erst jene Mitglieder, die den Priestergrad erreichten, waren endgültig in die geheimen Pläne des Ordens eingeweiht. Sie hatten die wissenschaftliche Leitung des Geheimbundes über und organisierten die Aufklärung und Bildung der Mitglieder.[160]

Lehnte sich die strukturelle Gliederung des Illuminatenordens trotz starker Modifizierungen und differenzierter Unterteilungen der Grade stark an das Vorbild der Freimaurerei an, so war Weishaupt durch die Ausarbeitung eines eigenen eklektizistischen Mysterienkultes, geheimen Feiern mit strenger Arkandisziplin, bemüht, den Zusammenhalt der Mitglieder zu festigen. Durch die Einführung der Grade sollte über die Moral und Erziehung hinaus eine eigene Religion geschaffen werden. Im Zusammenhang mit seinen Bemühungen um die Ausarbeitung einer kultischen Form wurde sein Interesse häufig auf die Freimaurerei gelenkt, weil er sich von ihr wertvolle Aufschlüsse über rituelle Formen erwartete. Da im Illuminatenorden das Studium der Freimaurerei und des Jesuitenordens (Weishaupt kannte ihn gut) besonders empfohlen wurde, kann daraus der Stellenwert des Geheimbundes bestimmt werden, zumal er auch soziologisch beiden Gesellschaften nahestand. Trotz der erwähnten Ähnlichkeiten im Gradsystem überschritt jedoch der Illuminatenorden im Programmatischen die Freimaurerei, da dieser seine moralischen Prinzipien in die Gesellschaft projizieren und damit gesellschaftsverändernd wirken wollte, was die Freimaurerei nie beabsichtigt hat. Die Rituale waren im Illuminatenorden nur Mittel für das übergeordnete politische Ziel einer „Weltveränderung“. Die Freimaurerei wurde aber, obwohl ihr Weishaupt bis zu einem gewissen Grad kritisch gegenüberstand, bewusst als zweite Klasse in den Orden aufgenommen, weil dies der Absicht des Geheimbundes entgegenkam, die bestehenden Logen systematisch zu unterwandern. Die Freimaurerei sollte auf diese Weise stärker für die politischen Zwecke des Geheimbundes eingesetzt werden. Für diese gezielte Unterwanderung trat vor allem Weishaupt ein, während Knigge, der sehr enge Kontakte zur Freimaurerei hatte, für eine Vereinigung beider Gesellschaften war, um seinen freimaurerischen Reformplan, die „Strikte Observanz“ zu reinigen, besser realisieren zu können. Weishaupt vertrat die Auffassung, dass die unterwanderten Freimaurerlogen zu Hilfsorganisationen werden sollten, wobei die für den Illuminatenorden ungeeigneten Brüder in den Logen zu verbleiben hätten.[161]

Dass sich innerhalb der Freimaurerei Widerstand gegen die Illuminaten regte und die praktizierte Unterwanderung, sofern sie erkannt wurde, auf Widerspruch stieß, geht aus einigen Deklarationen und Stellungnahmen hervor. Der wesentlichste Unterschied zwischen den beiden Organisationen bestand, trotz starker personeller Verknüpfung, im Charakter und in den Zielen der Gesellschaften. Die Freimaurerei war letztlich eine esoterisch-hermetische Gemeinschaft ohne politische Ziele und Ideologie, die vor allem Rituale betonte, während der Illuminatenorden ein rational-aufgeklärtes System mit ideologisch-politischer Zielsetzung besaß. Daher war der Illuminatenorden stärker den politischen Geheimbünden zuzuordnen. Dass nach und nach auch politisch aktive Menschen in die Logen eindrangen, wurde von ihren Gegnern in Form von antifreimaurerischer Propaganda aufgebauscht und dagegen polemisiert. Hier tat sich vor allem der französische Jesuit Barruel hervor, in dessen Verschwörungstheorie die Freimaurerlogen und der Illuminatenorden eine zentrale Rolle spielten.[162]

Ernst August von Goechhausen hat schon in seinem anonym erschienenen Werk „Enthüllung des Systems der Weltbürger-Republik“ (1786) mit Hinweis auf die Illuminaten vermutet, dass die Menschheit „mit blinden Augen in den Abgrund gehe“, und stellte die gewagte Prognose auf, „dass Revolutionen unausbleiblich seien“. In der „Eudämonia“ von 1796 heißt es über die Illuminaten, „dass die Absichten dieses abscheulichen Bundes“

darauf ausgerichtet seien, „die Altäre umzustürzen, die Thronen zu untergraben, die Moral zu verderben, die gesellschaftliche Ordnung übern Haufen zu werfen, kurz jede bürgerliche und religiöse Einrichtung einzureissen, und Heidenthum, Mordgericht, und alle Gräuel einer demagogischen Anarchie dafür einzuführen".[163] Diese als „Verschwörungstheorie" bezeichneten Vorstellungen eines weltweiten Netzes radikaler Wühlarbeit der Geheimgesellschaften haben sich aufgrund neuerer Untersuchungen als gegenrevolutionäre Erfindung herausgestellt, was sich am Beispiel des Illuminatenordens besonders überzeugend belegen lässt. Es wurde bereits betont, dass der Geheimbund der Illuminaten den gewaltsamen Umsturz ablehnte, da er die Herrschaft der Moral auf konspirativem Weg erreichen wollte, ohne den absolutistischen Staat revolutionär zu bedrohen. Er war daher Teil des Aufgeklärten Absolutismus und nicht Opposition. Wolfgang Hofter hat in diesem Zusammenhang sogar davon gesprochen, dass im Illuminatenorden eine Wiederholung des Absolutismus stattfand. Diese Auffassung kann durch das „Sittenregiment" und die Ordensstruktur begründet werden, wenn man sie mit den Strukturen des Aufgeklärten Absolutismus vergleicht. Dahinter stand die Vorstellung, dass durch Nachahmung am besten Widerstand geleistet werden könne.[164]

Durch die Französische Revolution flammte die Furcht vor den Illuminaten in München neu auf und radikalisierte sich im süddeutschen Raum. Aufgrund des Erstarkens der gegenaufklärerisch-antirevolutionären Publizistik standen nun Illuminaten, Freimaurer und radikale Aufklärer gemeinsam auf der Anklagebank. Sie wurden als Wurzel der Französischen Revolution, als Vorbereiter der revolutionären Ideen und als Urheber der Bedrohung von Thron und Altar bezeichnet. Die Illuminaten wurden mit den späteren Jakobinern gleichgesetzt und waren einem permanenten Kreuzfeuer ausgesetzt, da es ihren Gegnern 1793 gelang, die politisch-ideologisch wichtigen Priester- und Regentengrade des Geheimbundes in die Hand zu bekommen und zu veröffentlichen. Die Zentren dieser gegenrevolutionären Publizistik befanden sich in Wien, bei den Exjesuiten in Augsburg und in München im Kreis um Carl von Eckartshausen, der selbst Illuminat war. 1791, nachdem er dem Orden den Rücken gekehrt hatte, publizierte er ein viel beachtetes Werk, in dem er vor den Gefahren für die Fürsten und die Religion durch die radikale Aufklärung und die Geheimgesellschaften warnte.[165]

Die Regierung Carl Theodors erließ 1790 ein neues Illuminatenedikt, in dem auf die fortdauernden Zusammenkünfte der Illuminaten hingewiesen wurde. Carl Theodor verlangte von jedem Staatsdiener, Beamten, Lehrer und Geistlichen einen Illuminateneid, weil die Illuminaten angeblich auch nach der Aufhebung des Ordens weiter konspirativ tätig waren und den Sturz von Thron und Altar geplant hätten. Die Aufmerksamkeit der Regierung konzentrierte sich dabei nach wie vor auf den geistlich-kirchenpolitischen Bereich. Jene Mitglieder des kurfürstlichen geistlichen Rats, die nicht entschlossen genug gegen Illuminaten und Freimaurer vorgingen, wurden fristlos entlassen. Die Gegner der Illuminaten beschworen die große Gefahr, die Illuminaten, Freimaurer und Jakobiner und damit die Antichristen würden die politische Herrschaft übernehmen und ein Bündnis Bayerns mit dem revolutionären Frankreich vorbereiten. Das Bild, das von den Konservativen damals entworfen wurde, glich einer „Schreckenskammer“: Die gefährlichen Illuminaten und Jakobiner hätten den gutwilligen, aber schwachen Fürsten instrumentalisiert und beherrscht.

Die Glaubwürdigkeit solcher Behauptungen und Unterstellungen wurde durch die gegenrevolutionäre Komplott-Theorie noch verstärkt. Verschwörungstheoretiker wie Barruel, Robison, Starck und Hoffmann beschuldigten die Illuminaten mehrfach als Urheber der Französischen Revolution und machten sie für deren verhängnisvolle Folgen verantwortlich. In diesem Zusammenhang zählte 1803 die Umwandlung von Hochstift und Reichsstadt Regensburg in ein geistliches Fürstentum unter dem früheren Mainzer Kurfürsten Erzbischof Carl Theodor von Dalberg, der Illuminat und Förderer Weishaupts war, als Sieg der Illuminaten. Dalberg wurde als Werkzeug einer europaweiten und jetzt vom napoleonischen Frankreich inspirierten Illuminatenverschwörung angesehen.[166]

Von einigen Verschwörungstheoretikern und Gegenaufklärern wurde die „Deutsche Union" von Carl Friedrich Bahrdt als Nachfolgeorganisation des Illuminatenordens angesehen, obwohl diese angebliche Verbindung nie bewiesen werden konnte. Bahrdt hatte die „Korrespondenzgesellschaft" 1786/87 ins Leben gerufen und wollte mit ihr die Aufklärungsideen radikalisieren.[167] Im Gründungsaufruf „An die Freunde der Vernunft" (1787) kündigte er eine „literarische Gesellschaft" an. Der Zweck der Vereinigung wurde sehr allgemein formuliert. Es gehe um „Aufklärung der Menschheit und Dethronisierung des Aberglaubens".[168] Der Kontakt mit der Lesergemeinschaft wurde von der Unionsleitung durch regelmäßige Korrespondenz mit den Sekretären der regionalen Lesegesellschaften hergestellt, insbesondere durch Direktiven, Nachrichtenübermittlung, Berichterstattung und Buchsendungen. Die Organisation wurde durch mehrere „Geheime Pläne" geregelt.

Bahrdt wurde 1789 auf Befehl König Friedrich Wilhelms II. wegen seiner radikalen aufklärerischen Aktivitäten und einer Satire gegen die preußische Reaktion verhaftet und zu Festungshaft verurteilt. Als er 1790 aus der Haft entlassen wurde, war er in seiner radikal-aufklärerischen Einstellung ungebrochen. Über den Sturz der Monarchie hinaus forderte er nun sogar eine Demokratie. Das Volk sei nicht nur zur Revolution verpflichtet, sondern sollte auch selbst die Macht übernehmen. Örtliche und regionale Gruppen der „Deutschen Union" bestanden bis 1796 weiter. Eine engere Verbindung zu den Illuminaten lässt sich allerdings nicht nachweisen.

In den Verschwörungstheorien sind auch Verbindungen zwischen den Staatsgründern Amerikas und den Illuminaten hergestellt worden. Dass die Freimaurer in den USA in irgendeiner Weise von den Illuminaten beeinflusst wurden, ist sehr unwahrscheinlich, weil die Unabhängigkeitserklärung im Juli 1776, zwei Monate nach der Gründung des Illuminatenordens, unterzeichnet wurde. In den Verschwörungstheorien wird unterstellt, dass die Illuminaten Amerika regiert hätten, eine Behauptung, die mit einem Ereignis des Jahres 1798 in Verbindung gebracht wird. Um 1800, nach der Auflösung des bayerischen Geheimbundes, verkündete der Priester Jedediah Morse in der New North Church in Boston, dass sich einem Traktat des jesuitischen Abbé Barruel zufolge die europäischen Illuminaten verschworen hätten, die Rechte und Freiheiten der USA umzustürzen. In Wirklichkeit stellte Barruel in seinem Buch eine Verbindung zur Französischen Revolution her. Unterstützt wurde Morses Theorie durch das Buch von Robison „Proofs of a Conspiracy Against All the Religions and Governments of Europe". Doch auch diese Publikation hatte unmittelbar nichts mit Amerika zu tun, sondern ging von der Verschwörung aus, dass die europäischen Monarchien von einer Welle antiklerikaler Republikaner bedroht würden. Morses Ängste erregten nur vorübergehend Aufsehen, unter anderem berichteten Zeitungen darüber, dass er Thomas Jefferson vorwarf, ein Agent der Illuminaten zu sein.[169]

4. Die Französische Revolution und die Verschwörung der Jakobiner

Das welthistorisch bedeutsame Ereignis der Französischen Revolution wird in der neueren Forschung zu Recht als wichtige Übergangsphase bezeichnet, in deren Verlauf grundlegende Veränderungen der politischen, sozialen, wirtschaftlichen und kulturellen Verhältnisse Frankreichs erfolgten.[170] Die Bedeutung der Revolution liegt jedoch nicht nur in der Beseitigung der alten gesellschaftlichen Zustände, an deren Stelle eine neue, der Aufklärung verpflichtete, Staats- und Rechtsordnung trat, sondern auch darin, dass sie im Rahmen einer sich über mehrere Jahrhunderte erstreckenden bürgerlichen Emanzipationsbewegung neben den tatsächlich durchgesetzten politischen Umstrukturierungen in Frankreich verschiedene gesamteuropäische Wirkungen hervorrief. In der modernen Revolutionsforschung ist sie auch als „modellstiftender Schlüsselvorgang an der Schwelle zu unserer Moderne" bezeichnet worden, der allerdings die Wirtschafts- und Sozialstruktur des alten Frankreich weniger verändert hat als die soziokulturellen Bereiche und das gesellschaftliche Bewusstsein. Die Französische Revolution verhalf im eigenen Land der sozialen Schicht des Besitz- und Bildungsbürgertums zur Macht und brachte 1791 den ersten demokratisch legitimierten modernen Nationalstaat mit Repräsentativverfassung hervor. Mit der Zerstörung des alten Römischen Reiches Deutscher Nation erschütterte und veränderte sie das europäische Staatensystem grundlegend. Darüber hinaus hat sie auch im Inneren der europäischen Staaten tief gehende Veränderungen und Reformen bewirkt. Sie markierte auch den Beginn der politischen Demokratie, wobei jedoch zwischen bürgerlicher Demokratie und Volksdemokratie, zwischen direkter und repräsentativer Regierung sowie zwischen Jakobinismus und Sansculottentum unterschieden werden muss. In der Tat haben die Ereignisse besonders vom 10. August 1789 die politische Demokratie eingeleitet und auf den Ebenen des allgemeinen Wahlrechts, des öffentlichen Unterrichtswesens und der Fürsorge durch den Konvent einige Errungenschaften des 19. Jahrhunderts vorweggenommen. In diesem Zusammenhang müssen auch die Erklärung der Menschenrechte von 1793 und die kurz darauf verkündete, aber nie angewandte Verfassung und die Ventôse-Dekrete genannt werden. Davon muss natürlich in Abzug gebracht werden, was nur taktisch oder von den Umständen her bedingt war. Die Menschenrechtserklärung proklamierte zwar das Recht auf Arbeit, auf Hilfe in Notsituationen und auf Unterricht, erwähnte aber keine Einschränkungen bezüglich des

Rechts auf Eigentum, die in Robespierres Entwurf vom 24. April vorgesehen waren.[171]

Condorcet hatte schon im April 1792 den Plan für ein öffentliches Unterrichtswesen auf breitester demokratischer Grundlage konzipiert. Auch die von ihm vorbereitete Verfassung war im Vergleich zu jener von 1793 bedeutend konkreter und weniger zurückhaltend. Nach dem Sturz der Gironde im Juni 1793 hatte der Konvent sehr rasch einen Verfassungstext vorbereitet und verabschiedet (die sogenannte Verfassung des Jahres I nach dem französischen Revolutionskalender), die im August durch das Volk ratifiziert wurde. Die Verfassung wurde aber nie praktiziert, da der Konvent sofort festlegte: „Die Regierung Frankreichs ist revolutionär bis zum Frieden."[172]

Diese Beispiele verdeutlichen bereits, dass die Französische Revolution den besonderen Bedingungen Frankreichs am Ende des 18. Jahrhunderts entsprach. Sie war in Zielsetzung und Verlauf durchaus nicht eindeutig. Trotz unterschiedlicher Verlaufsperioden – die Konstituante (1789–1791), die Legislative (1791/92), der Konvent (1792/93), die Jakobinerherrschaft (1793/94) und das Direktorium (1795–1799) – kann man die wichtigsten Elemente in einigen wenigen Schwerpunkten zusammenfassen. Ihre Bedeutung liegt zunächst in den von ihr erlassenen Proklamationen, wonach sie eine Revolution der Freiheit und Gleichheit war und am Ende des 18. Jahrhunderts nach der Aufklärung eine neue Gesellschaftsordnung etablierte. Ihr Verlauf und ihr Ergebnis zeigen jedoch, dass sie nicht monolithisch gesehen werden kann, zumal sich in ihr in Abfolge der Diskurs der verfassungsgebenden Revolution mit der Verfassung von 1791 und zuvor schon mit der Erklärung der Menschenrechte von 1789 berührten, worauf die jakobinische Verfassung von 1793 anschloss, die bereits mehr als nur eine Variante des ursprünglichen Textes und den Kulminationspunkt der Vorstellung von einer sozialen Demokratie darstellte, und schließlich die Verfassung des Jahres III mit ihren neuen bürgerlichen Wertvorstellungen. In diesem Zusammenhang wurde in der Forschung von drei verschiedenen Revolutionen gesprochen, die 1789 parallel nebeneinander herliefen: die Revolution der Abgeordneten in Versailles, die der klein- und unterbürgerlichen Schichten in den Städten und die der Bauern auf dem Land.[173]

Die Frage nach dem Charakter der Verfassung von 1791 war lange Zeit ein kontroverser Diskussionspunkt. Neuere Arbeiten versuchen nachzuweisen, dass die Verfassung Frankreichs von 1791 doch demokratischer war, als man in der älteren Forschung gewöhnlich behauptet hat. Die Konservativen des Jahres 1791 hielten sie für demokratisch, weil sie das Wahlrecht umfassend auffasste, die Volksvertretung nach der Zahl der Einwohner berechnete und die Erblichkeit von öffentlichen Ämtern abschaffte. Die radikalen Jakobiner, darunter auch Robespierre, wandten sich jedoch gegen die Einschränkungen, die die Verfassung dem Stimm- und Wahlrecht auferlegte.

Unter dem Gesichtspunkt früher demokratischer Strukturen beseitigte die Revolution die ungleichen Hierarchien der Gesellschaft des Ancien Régime und ersetzte sie durch das Prinzip der Gleichheit: „Die Menschen sind und bleiben von Geburt frei und gleich an Rechten. Soziale Unterschiede dürfen nur im gemeinen Nutzen begründet sein."[174] Die Voraussetzung dafür war die Beseitigung aller früheren Privilegien und Abhängigkeiten. Unter dieser Gleichheit ist vor allem die zivile Gleichheit in all ihren Formen zu verstehen, einschließlich jener der Protestanten und Juden. Einschränkungen gab es allerdings bei den Sklaven und bei den Schwarzen. Erst der jakobinische Konvent hat kurzfristig eine Entscheidung im emanzipatorischen Sinne getroffen. Daraus geht hervor, dass die bürgerliche Revolution die Gleichheit auch begrenzte. Politisch kam es zwischen 1793 und dem Jahre II nur zu einer einzigen Erprobung des allgemeinen Wahlrechts für männliche Erwachsene. Im Jahre III dominierte das Zensuswahlrecht, das zwischen aktiven und passiven Bürgern aufgrund eines Zensus differenzierte. Diese Einschränkungen waren soziale

Schranken, die die Grenzen der bürgerlichen Demokratie dieser Entwicklungsphase der Revolution klar aufzeigen.[175]

Die Revolution proklamierte ferner das Prinzip der Freiheit: die persönliche Freiheit des Bürgers und die Unverletzlichkeit der Person. „Die Freiheit besteht darin, alles tun zu können, was einem anderen nicht schadet.“[176] Die Revolutionsregierung wollte jede willkürliche Grausamkeit der Strafe beseitigen und berief sich auf die Menschenfreundlichkeit der Aufklärung. Die Glaubensfreiheit beseitigte das Bildungsmonopol der katholischen Kirche und umfasste von vornherein die Protestanten und später auch die Juden. Am Ende dieser Entwicklung stand die Trennung von Kirche und Staat durch den Thermidorkonvent im Jahre III. Diese zeitabhängige Entscheidung war allerdings eine bloße Antizipation, die keineswegs dem wahren Charakter der Revolution entsprach. Laizistisch war sie nur vom Winter 1793 bis zum Direktorium 1795, während die Zivilverfassung des Klerus 1791 ebenso wie das Konkordat von 1801 Kompromisse mit der herrschenden Religion darstellten. Die Meinungsfreiheit bedeutete die logische Fortsetzung der Glaubensfreiheit, auch wenn die Verfassungsgeber die Einschränkung hinzufügten, dass diese nicht zum Missbrauch der Freiheit führen dürfe. Die politischen Freiheiten boten die Basis für zahlreiche exemplarische Erfahrungen: Die Erklärung der Menschenrechte proklamierte die Volkssouveränität, den Grundsatz der Wählbarkeit auf allen Ebenen und die Notwendigkeit eines repräsentativen Staatswesens mit Gewaltenteilung.

Alle diese demokratischen Elemente waren in den Verfassungen von 1791 und 1793 enthalten, wenngleich die letztere stärker die Dezentralisation hervorhob und durch Volksabstimmungen die direkte Demokratie vorbereitete. Eine ähnliche Kontinuität galt auch für die Verfassung des Jahres III, die gleichfalls die Gewaltenteilung besonders akzentuierte. Damit wurden die Grundlagen des politischen Liberalismus im 19. Jahrhundert in Frankreich geschaffen.

Die Prinzipien Freiheit und Gleichheit, bedeutsame Eckpfeiler demokratischer Vorstellungen, müssen hier noch durch den Begriff der Brüderlichkeit vervollständigt werden. Die wirklich gelebte Brüderlichkeit, die mit der Pflicht zur Fürsorge gegenüber Mittellosen und dem Recht auf Leben identisch war, galt jedoch als Einschränkung des Rechtes auf Eigentum und war daher nur eine in den Ventôse-Dekreten angekündigte Utopie der jakobinischen Demokratie des Jahres II. Freiheit, Gleichheit, Sicherheit und Eigentum näherten sich eher der im Jahre III wiederhergestellten Kontinuität bürgerlicher Werte.[177]

Da die Revolution nicht linear verlief und ihre konstitutionellen und demokratischen Proklamationen durch den Verlauf des revolutionären Geschehens ernsthaft bedroht wurden, müssen hier auch einige Ursachen dieser Gefährdung und die politischen Vorstellungen ihrer bedeutsamsten Akteure zumindest ansatzweise skizziert werden. Es ist sicher kein Zufall, dass Robespierre die repräsentative Versammlung als Ausdruck des Volkswillens, der sich mit dem allgemeinen Willen deckt, ablehnte. Parlamente waren für ihn geprägt von Sonderinteressen, obwohl sie formal durch Wahl des Volkes entstanden. Eine repräsentative Versammlung, die auf der Grundlage eines Wahlzensus gewählt wurde, war nach seiner Auffassung nicht im Sinne des Volkes. Die absolute Unabhängigkeit einer parlamentarischen Versammlung war für ihn „repräsentativer Despotismus“.[178]

Deshalb war er bestrebt, Sicherungen gegen diese Form des Despotismus einzubauen, wie die ständige Volkskontrolle über die gesetzgebende Körperschaft und direkte demokratische Aktionen durch das Volk. Robespierre polemisierte auch gegen ein Bündnis zwischen Legislative und Exekutive, das für ihn ein Komplott gegen das Volk darstellte. Der allgemeine Wille war für ihn der Wille der Volksmehrheit und daher nicht gleichbedeutend mit parlamentarischer Mehrheit oder Minderheit. Diese prinzipielle Einstellung, die als direkte demokratische Aktion umschrieben werden kann, lief in Richtung Rechtfertigung einer unmittelbaren Volksaktion, die Unterdrückung und den Despotismus, die Regierungskomplotte und Intrigen der Abgeordneten zu bekämpfen. Im Mai 1793 betonte Robespierre im Jakobinerklub: „Wenn das Volk unterdrückt ist und sich auf niemand als auf sich selbst verlassen kann, würde nur ein Feigling es nicht zum Aufstand aufrufen. Wenn alle Gesetze gebrochen werden, wenn Despotismus seinen Höhepunkt erreicht hat, wenn guter Glaube und Bescheidenheit mit Füßen getreten werden, dann ist es die Pflicht des Volkes, sich zu erheben. Dieser Augenblick ist da: unsere Feinde unterdrücken offen die Patrioten, sie wollen das Volk im Namen des Gesetzes in Elend und Knechtschaft stürzen [...] Ich kenne nur zwei Daseinsweisen für das Volk: sich selbst zu regieren oder die Aufgabe Bevollmächtigten anzuvertrauen."[179] Unter den repräsentativen Einrichtungen des Pariser Volkes, der Kommune und den Sektionen, kann nur die Kommune als gewählte und klar definierte Körperschaft bezeichnet werden. Die Sektionen setzten sich aus Volksversammlungen der Bewohner verschiedener Bezirke zusammen. Hier allerdings wurde direkte Demokratie praktiziert, wobei jedoch revolutionäre Aktivisten, eine kleine Minderheit, dominierten. Saint-Just vertrat im Frühjahr 1793 noch immer das Prinzip des unbeschränkten Selbstbestimmungsrechtes des Volkes. Er forderte eine in direkter Wahl gewählte Assemblée und einen von Wahlmännern gewählten untergeordneten Exekutivrat.

Diese Einstellung ist von der neueren Revolutionsgeschichtsschreibung auch als „demokratischer Perfektionismus jakobinischer Prägung" bezeichnet worden, wie er z. T. in der Verfassung von 1793 zum Ausdruck kam. Der Perfektionismus war dadurch gekennzeichnet, dass die demokratische Souveränität bis an ihre Grenze getrieben wurde. Einige Revolutionsforscher sahen in dieser Entwicklung wichtige Vorstufen zur „totalitären Demokratie". Die bis zu einem gewissen Grad totalitären Anlagen des Jakobinismus basierten auf der Überzeugung dieser Bewegung, die alleinige Wahrheit zu vertreten.[180]

Die jakobinische Diktatur entwickelte sich stufenweise ohne genauen Plan. Sie beruhte auf zwei wesentlichen Fundamenten: auf der fanatischen Ergebenheit der „Gläubigen“ und der strengen Orthodoxie. In dieser Verbindung lag wahrscheinlich auch ihre Stärke. Zu Beginn war der Jakobinismus eine Bewegung, die für das Selbstbestimmungsrecht des Volkes eintrat, später wurde er zu einer „Gemeinschaft der Gläubigen“. So entstand im revolutionären Frankreich eine inoffizielle Organisation der Demokratie. Die Jakobiner identifizierten sich mit dem Volk, ja, das offizielle Dogma lautete sogar: Die Jakobiner sind das Volk. Die jakobinische Gesellschaft, so betonte Robespierre, sei ihrem Wesen nach unbestechlich, ihre ganze Macht liege in der öffentlichen Meinung, und sie könne daher die Interessen des Volkes nicht verraten. Die Entwicklung des Jakobinerklubs zeigte allerdings, dass die Idee des Selbstbestimmungsrechts des Volkes auf die Bahn einer immer exklusiveren Orthodoxie geriet. Die Jakobiner waren davon überzeugt, dass ihre Diktatur nur ein Vorspiel zu einem harmonischen Zustand der Gesellschaft sei. Diese Überzeugung ging von der Annahme aus, dass der Mensch in seiner Anlage gut und im Sinne der Aufklärung der Vervollkommnung fähig sei und ein sozialer Fortschritt vor sich gehe, der in ein Endstadium sozialer Integration und Harmonie einmünde.[181]

Verschiedene Revolutionsforscher haben im Zusammenhang mit der letzten Phase der Jakobinerdiktatur auf deren doktrinäre Mentalität hingewiesen und dabei besonders zwei Faktoren hervorgehoben: die innere fanatische Gewissheit und eine Vorstellung, die mit einer „Bleistiftskizze“ der Wirklichkeit umschrieben werden kann. Das Beispiel der jakobinischen Bewegung zeigt mit Deutlichkeit die große Gefahr, die der Demokratie aus revolutionären Doktrinen entstehen kann. Wie das Beispiel der Französischen Revolution im Allgemeinen veranschaulicht, verwandelt sich die Ungeduld des revolutionären Doktrinärs bei Behinderung seiner Ziele in Erbitterung. Der Doktrinär sieht seine „Bleistiftskizze" nie unter dem Aspekt des Zwanges, sondern unter dem der Freiheitssicherung.[182]

Da das jakobinische Denken von der Idee einer rationalen und natürlichen Ordnung ausging, gaben die Jakobiner nur zögernd zu, dass ein innerer Widerspruch zwischen einem rationalen, politisch-ethischen System und einem freien Wirtschaftswesen bestand. Die Vorstellung einer unbegrenzten Volkssouveränität brachte eine soziale Dynamik hervor, da die Armen die große Mehrheit der Nation und daher legitimiert waren, der kleinen Minderheit der Privilegierten und Reichen Bedingungen aufzuerlegen. In breiteren Schichten wurde die Revolution immer stärker mit den Armen und Besitzlosen identifiziert. Trotzdem blieb die jakobinische Haltung stets zweideutig und inkonsequent. Dieser Widerspruch wurde erst durch Babeuf und seine Bewegung der „Verschwörung der Gleichen" beseitigt. So war letztlich die jakobinische Einstellung zu Klassenfragen in der Regel mehr von politischen als von sozialen Fragen bestimmt.[183]

Robespierre war davon überzeugt, dass Ethik und Politik allein nicht genügten, um eine nationale Ordnung zu sichern. So forderte er, dass mit der Einführung der republikanischen Tugend auch soziale und wirtschaftliche Reformen eingeleitet werden müssten. Sein Postulat war die wirtschaftliche Sicherheit der Nation und nicht so sehr die Wohlstandsvermehrung. Er vertrat die Ansicht, dass das Vermögen einer Nation im Wesentlichen Gemeineigentum sei, insofern es die dringenden Bedürfnisse des Volkes befriedige. Nur der Überschuss könne als individuelles Eigentum angesehen werden. Auch die Eigentumstheorie der Jakobiner – für sie war ein sittliches Prinzip als Grundlage für die Idee des Eigentums eine Notwendigkeit – muss vor dem Hintergrund der Idee sozialer Harmonie gesehen werden. Robespierres Ansatz war nicht das Klassenbewusstsein, sondern die egalitäre Konzeption der Menschenrechte. Das Prinzip für die Leitung des Wirtschaftslebens der Nation war doch einiges entfernt vom Staatseigentum an den Produktionsmitteln oder von Kollektivismus, obwohl eine Gesamtplanung durch den Staat zumindest angedeutet schien. Die Wirtschaftspolitik war auf soziale Sicherheit und wirtschaftliche Unabhängigkeit des Einzelnen ausgerichtet und durch den Staat garantiert.[184]

Die demokratische Bewegung in der Französischen Revolution ist jedoch nicht nur mit dem Jakobinismus, sondern auch mit den Sansculotten in Verbindung gebracht worden. Dieser Bewegung, die auf eine direkte Form der Demokratie abzielte, hat sich besonders die sozialgeschichtliche Forschung in den letzten Jahrzehnten angenommen. Die Sansculotten wurden als „volkstümliche Demokraten" bezeichnet, die die großen Ideen der Freiheit, Gleichheit und Volkssouveränität konkret auf sich selbst und auf die gesellschaftlichen Verhältnisse bezogen. Ihr Ziel war, die Autonomie ihrer Sektionsversammlungen gegen jede Kontrolle durch die Kommune, den Konvent oder die nationale Regierung abzuschirmen. Sie waren davon überzeugt, in ihren Sektionsversammlungen souverän zu sein, fanden vor allem in den Pariser Sektionen und lokalen politischen Klubs ihre Organisationsform und bildeten gleichsam die „Hauptarmee" der Revolution. Sie galten als die eigentlichen Demonstranten, die Aufständischen, die Errichter von Barrikaden, und bildeten gewissermaßen einen Zweig jener überregionalen politischen Bewegung, die versuchte, die Interessen des kleinen Mannes zu vertreten. Ihre gewählten Vertreter betrachteten sie nur als ihre Delegierten, denen sie oft nicht trauten. Während sie bis zum Sommer 1793 den Mittelpunkt spontaner politischer Aktionen bildeten, verloren sie unter dem Wohlfahrtsausschuss allmählich an Einfluss.[185]

Die Sansculotten rekrutierten sich aus allen möglichen Bevölkerungsgruppen unterhalb der gesellschaftlich gut gestellten Oberklasse und der oberen Mittelschicht. In ihnen entstand ein neuartiges Bedürfnis nach Gleichheit, das sich besonders darin manifestierte, dass sie nicht länger eine untergeordnete Stellung in den sozialen Beziehungen akzeptierten. Sie besaßen zwar keine durchreflektierten ökonomischen Leitgedanken, bezogen aber eine negative Position gegenüber den Reichen und hielten, auch wenn sie nicht prinzipiell gegen privates Eigentum waren, doch an einer am Gleichheitsgrundsatz orientierten Verteilung fest. Ihre Idealvorstellung war in weitgehender Übereinstimmung mit Robespierre eine „Gesellschaft kleiner Eigentümer", die ihr Stück Feld, ihre Werkstatt und ihren Laden besitzen. Der Staat sollte dabei für die Aufrechterhaltung einer relativen Gleichheit sorgen. Die Politik der Sansculotten war in erster Linie von der Angst vor dem Hunger geprägt. Sie war letztlich auch der Grund für ihre Forderungen an den Nationalkonvent, Preiskontrollen durchzusetzen sowie das Horten von Lebensmitteln und übermäßige Profite zu unterdrücken.

Mit dem Aufstand vom 31. Mai 1793 erreichte die demokratische Volksbewegung den Ausschluss der Girondisten aus dem Konvent. Anschließend folgte eine härtere politische Auseinandersetzung, in deren Verlauf die Volksdemokraten für Maßnahmen zur Kontrolle der Wirtschaft eintraten, während die bürgerlichen Demokraten, die Bergpartei und die Jakobiner sie mithilfe des Wahlrechts und mit einer neuen Verfassung auszuschalten versuchten. Im September gab der Konvent nach, indem er Preiskontrollen verordnete und eine neue Bewegung des offiziellen Terrors einleitete.[186]

Die Revolutionsregierung setzte 1794 ihr Bestreben fort, die Unabhängigkeit der Sektionen einzuschränken. Robespierre verurteilte eine direkte Form der Demokratie, weil diese einer repräsentativen Demokratie in ihrer Realisierung entgegenstehen würde. Die Revolutionskomitees, im Frühjahr 1793 von den Sektionsversammlungen gewählt, wurden im Herbst durch den Generalrat der Kommune gesäubert. Schließlich kamen sie unter die Kontrolle des allgemeinen Sicherheitsausschusses, und im Frühjahr 1794 mussten die Wahlen vom Wohlfahrtsausschuss bewilligt werden. Die Sansculottenbewegung scheiterte schließlich an ihren „Widersprüchen", nämlich am Gegensatz zwischen den Sansculotten selbst und der von den Jakobinern geführten Bergpartei sowie an den Widersprüchen zwischen direkter und bürgerlicher Demokratie. Zuletzt bestand noch ein sozialer Gegensatz unter den Sansculotten selbst, der ihr Ende beschleunigte. Die Bedeutung der sozialen Klasse darf in der Französischen Revolution, wie die demokratische Volksbewegung zeigt, nicht unterschätzt werden. Die Sansculotten waren aber keine Klasse, sondern hatten höchstens ein rudimentäres Klassenbewusstsein entwickelt. Daher handelte es sich bei der Französischen Revolution auch nicht um die Anfänge eines Klassenkampfes der Proletarier gegen die Bourgeoisie.[187]

Die demokratischen Dimensionen der Französischen Revolution ermessen sich an den unmittelbaren Veränderungen ebenso wie an den langfristigen Ankündigungen und auch daran, wie die Revolution empfunden wurde: als tief greifender und dauerhafter Riss zwischen einem alten Regime und einem neuen. Die Bedeutung der Französischen Revolution zeigt sich aber auch an der Durchsetzung einer neuen Ideologie, die im 19. Jahrhundert dominieren sollte. Die Revolution war Experimentierfeld für einige Neuerungen wie die Vielfalt der revolutionären Praxisformen der Volksmassen und das gelebte und formulierte Programm der Pariser Sansculotten. Schließlich entstand erst durch die Französische Revolution die moderne französische Nation. Die Demokratie wurde seit der Französischen Revolution auch in Europa als mögliche Gestaltungsform großer Staaten angesehen. Sie war nicht mehr nur eine Staatsform, die höchstens in unbedeutenden Randzonen abseits der großen Mächte eingeführt war, sondern eine bedeutsame, zentrale geschichtliche Bewegung geworden.[188]

Im Hinblick auf die Grundstrukturen der Übergangszeit von der Aufklärung bis in das beginnende 19. Jahrhundert müssen die Auswirkungen der Französischen Revolution auf das politische Handeln und Denken, der Ausbruch der Revolutionskriege und die Erschütterungen des europäischen Staatensystems im Mittelpunkt der Epochendarstellung stehen. Unter der Perspektive einer Strukturgeschichte zeigt sich der Übergangscharakter von Aufklärung und Französischer Revolution besonders deutlich, ein säkularer Wandel, der mit der westeuropäischen Doppelrevolution (England-Frankreich) Ende des 18. Jahrhunderts eingeleitet und häufig mit dem „Beginn der Moderne" charakterisiert wurde. Dabei ist von entscheidender Bedeutung, dass diese Übergangsphase eher von einer Mischung traditionaler und moderner Elemente, heterogener Gesellschaftsformen, von Schüben nach rückwärts, von Refeudalisierungsversuchen, aber auch von Modernisierungsanstößen gekennzeichnet war.

In den Verschwörungstheorien, insbesondere in der gegenrevolutionären Publizistik, stehen gegen die Jakobiner drei Vorwürfe im Mittelpunkt: Sie wären Feinde der Religion, Gegner der Könige und träten für Freiheit und Gleichheit ein.[189] Diese Konstellation dokumentiert sich in mehreren Variationen: Sie „untergraben die Grundgesetze des Staates", unterdrückten die freie Meinung, die Revolution bewirke eine „Tyrannei" und Diktatur, und die Mitglieder der Pariser Versammlungen wären „usurpierte Volksrepräsentanten". Diese anklagenden Vorwürfe verstehen sich als „Enthüllungen".[190]

Die Ideologisierung des Jakobiner-Begriffs versteht sich als Grundlage einer Auseinandersetzung, die sich bewusst gegen bestimmte Gesinnungen wendet. Der Illuminatismus wurde als „leiblicher Bruder des Jakobinismus" bezeichnet, und in der „Wiener Zeitung" wurde die Behauptung aufgestellt: „Ein Jakobiner ist nicht mehr und nicht weniger als ein praktischer Illuminat."[191] Alle Polemiken gegen die Jakobiner mündeten schließlich in die Feststellung, der Jakobinismus wäre Gift für die Gesellschaft und müsste daher bekämpft werden. Die vermeintliche Verschwörung der Jakobiner wird in der Verschwörungstheorie im größeren Rahmen der Einbindung der Aufklärung insgesamt in ein Komplott der geheimen Gesellschaften gegen Staat, Könige und Religion gesehen. Verstärkt wird diese Theorie mit dem Hinweis, dass viele Aufklärer gleichzeitig auch Freimaurer, Illuminaten oder Mitglieder sonstiger Geheimbünde gewesen wären. Um sie effizient bekämpfen zu können, sei es notwendig, die revolutionären Netzwerke der Geheimgesellschaften und ihr Wirken aufzudecken. Dabei wird zwischen den national unterschiedlichen Ausprägungen des Jakobinismus kaum unterschieden.

Für die Vorbereitung der Französischen Revolution wird vor allem die Reise des Weimarer Illuminaten Johann Joachim Christoph Bode 1787 nach Paris als Beispiel herangezogen. Dabei ging es lediglich um die Vorbereitung eines Konventes der französischen „Philalethen" (ein französisches Hochgradsystem) mit dem Ziel, engere Kontakte mit den deutschen Illuminaten zu knüpfen. Die Verschwörungstheoretiker sehen in Bodes Reise und in der Rolle der Illuminaten ein Komplott, das den Ausbruch der Revolution lange und sorgfältig vorbereitet hat.[192]

Im Zusammenhang mit der gegenrevolutionären Publizistik der Jahre 1792 bis 1798 werden auch häufiger konkrete Namen von Personen, die als Jakobiner eingeschätzt wurden, genannt. Ähnliches gilt für den französischen Jakobinismus. Die Jakobiner treten in dieser Zeit verstärkt in das Zentrum der Verschwörungstheorien. Eine große Rolle spielt bei den Verschwörungstheoretikern in der Auseinandersetzung mit den Aufklärern auch die Unterscheidung zwischen „wahrer" und „falscher" Aufklärung. So haben sich die antijakobinischen Propagandisten immer für die „wahre" Aufklärung und damit gegen die „falsche" Aufklärung eingesetzt. Damit wollte man auch eine Vereinigung aller antiaufklärerischen Strömungen gegen den Jakobinismus erreichen. Die Bemühungen, eine breitere antijakobinische Bewegung zu bilden, wiesen auch strategische Aspekte auf, wie u. a. in der „Eudämonia" betont wurde. Die Zeitschrift trat der jakobinischen Stimmung in der Öffentlichkeit entgegen und bezeichnete die Stifter des Illuminatenordens als Initiatoren der Französischen Revolution, die als „Ungeheuer" bezeichnet wurde.[193] Der anonyme Verfasser eines „Fragments" zur Frage, ob ein Obskuranten-Bund existiere, bekennt sich zunächst stolz zur Bezeichnung „Obscurant", der als Gegner des „falschen Lichts" der Aufklärung bezeichnet wird, und ergänzt: „aber eine Obscuranten-Gesellschaft, einen ganzen Orden derselben, darinn man, wie bey den Illuminaten, mit vereinigten Kräften und nach einerley Plan zu Werke geht, giebt es leider nicht.“[194] Der Obskurantismus schloss nicht nur die Denunziation des Gegners, des Aufklärers mit ein, sondern auch die Aufdeckung der „falschen“ Aufklärung und die Inkonsequenzen der Jakobiner, um alle „Freunde der Wahrheit“, die „wahren“ Aufklärer, gegen sie zu vereinigen. Der Jakobinismus wurde gezielt zu einer politischen Figur der Aufklärung gemacht und ideologisch konturiert. Er bildete das Ziel eines Kreuzzuges der Gegenaufklärer und wurde zum Feindbild gemacht, das unbedingt bekämpft werden musste.[195]

Noch während der Französischen Revolution hat der Nationalkonvent unermüdlich auf eine „conjuration de Pitt et de Cobourg“ hingewiesen; dahinter steckte die Absicht, die Republik gegen ihre Feinde zu schützen, die als gefährliche Verschwörer gebrandmarkt wurden. In Frankreich wurde in diesem Zusammenhang auch immer von einem Komplott der Girondisten gesprochen, das aber nie nachgewiesen werden konnte.[196] Diese Drahtziehertheorie war der Kern einer politischen Sprache, die zum Instrument der Repression wurde, ohne die die Jakobinerdiktatur keinen Rückhalt gehabt hätte. Ohne sie wäre auch die antiliberale Verschwörungstheorie nicht entstanden, in der die Bilder vom „Jesuiten-, Illuminaten- und Jakobinergift“ eine zentrale sprachliche Bedeutung hatten. Dass auch von den Regierungen antirevolutionäre Schriften in Umlauf gebracht wurden, um auf die großen Gefahren von revolutionären Verschwörungen hinzuweisen, geht aus mehreren Publikationen hervor, in denen die Verästelungen der Komplotte erfunden oder stark übertrieben wurden, wie z. B. in der Schrift mit dem Titel „Geheime Geschichte des Verschwörungs-Systems der Jakobiner in den österreichischen Staaten“.[197]

In den 1790er Jahren wurden einige Exponenten des Verschwörungsdenkens zu Handlangern von Konservativen und reaktionären Ideologen, die auch bei Intellektuellen Resonanz fanden. Ihr Verschwörungsdenken kann als Medium einer antirationalistischen Ideologie verstanden werden, deren Grundanschauungen als Kampf gegen den Jakobinismus stark hervortreten. Die Gegenaufklärung setzte sich hauptsächlich aus obskurantistisch eingestellten Geistlichen und Theologen bzw. auch aus Verrätern der Geheimbünde zusammen; dazu zählten auch enttäuschte Aufklärer. So entstand ein relativ geschlossener Kreis von Gegenaufklärern, der sich zu einem Netz konservativer, reaktionärer Intellektueller erweiterte. Die Qualität ihres politischen Denkens ließ allerdings zum Teil zu wünschen übrig.

5. Die Verschwörung der Carbonari

Waren die italienischen Geheimgesellschaften vor der Französischen Revolution noch stark der Ideologie der Aufklärung verpflichtet, so wurden sie nach dem Sturz Napoleons politischer und spielten künftig eine wichtige Rolle in der italienischen Nationalbewegung. Der „Köhler-Bund", die Carboneria, entstand in Italien höchstwahrscheinlich durch rückwandernde Flüchtlinge, die in Frankreich oder in der Schweiz von den „Fendeurs" (Holzfällern) gehört hatten oder vielleicht auch Mitglieder dieses Bundes waren. Möglich wäre auch, dass die Carboneria in Süditalien mit den „Charbonniers" der Franche Comté in Verbindung stand. Schon 1797 musste sich der neapolitanische Polizeiminister Salicetti mit einer „Verschwörung" befassen, die er als „carbonaristisch" bezeichnete.[198]

1809 schlossen sich die verstreuten Einzelgruppen der Carbonari-Bewegung in einer ersten Hauptloge („vendita") in Capua zusammen. Joseph Bonaparte und Joachim Murat brachten dann die Carboneria nach Süditalien. Pierre Joseph Priot, einer der politisch engagiertesten alten Jakobiner, hatte sich schon in Frankreich für ein geeintes Italien eingesetzt. Als Kommissar der französischen Regierung auf Elba entfaltete er ein besonderes Interesse für die Armen und Benachteiligten, wurde in Italien bald in Chieti Intendent der Abruzzen und dann in Cosenza Intendent Kalabriens. In beiden Städten übernahm er auch die höchsten Ämter der Freimaurerei. In Frankreich war er Mitglied der „Société secrète des Bons Coucins Charbonnier", die in der Franche Comté wirkte. Vielfach wurde er als der eigentliche Gründer der neapolitanischen Carboneria angesehen, weil die „ersten Geschäfte" der Bewegung mit seiner Ankunft in den Abruzzen und in Kalabrien entstanden.[199]

Die Carbonnerie verbreitete sich rasch unter den Kleinbürgern und Handwerkern der Haupt- und Provinzstädte. Zu dieser raschen Verbreitung trug sicher das einfache Ritual bei, das auf dem christlichen Glauben und der Verehrung des hl. Theobald, des Schutzheiligen der Kohlenhändler, aufbaute. Die Sektionen der Organisation bezeichnete man als „Geschäfte". Sie unterstanden „Muttergeschäften", die ihrerseits von einem „hohen Geschäft" mit Sitz in Salerno oder Neapel abhingen. Es gab die Grade des Lehrlings und des Meisters, die ein philanthropisches, unabhängiges und politisch-konstitutionelles Programm vertraten. Noch vor 1818 kam ein dritter Grad – der Großmeister der Carboneria – hinzu, der aber nur wenigen Auserwählten vorbehalten blieb. Dieser Grad propagierte die Landverteilung (lex agraria) und die Gütergemeinschaft. Wegen seiner politischen Stoßrichtung erregte das Programm Aufsehen und erzeugte auch Unruhe in den eigenen Reihen, sodass dieser Grad wieder zurückgenommen werden musste. An seine Stelle traten sieben Grade nach dem Vorbild der Freimaurerei und ein neuer Geheimbund, der sich „Guelvia" nannte. Dieser Bund entstand mit der Absicht, dem ursprünglich radikalen Programm des dritten Grades entgegenzuwirken. Von Neapel aus verbreitete sich die Carboneria im Kirchenstaat, in der Emilia, in der Toskana, in Ligurien, im Piemont und entlang der Seehandelsroute Neapel – Porto Ferraio – Livorno – Genua.[200]

Die napoleonischen Logen wurden mit der Ankunft der Österreicher in Lombardo-Venezien sofort geschlossen. An ihre Stelle trat jedoch eine Reihe neuer Geheimorganisationen mit politischer Zielsetzung. Im Norden waren es vor allem die von Filippo Buonarroti aus Genf angeführten „Adelfi", im Süden Italiens der Geheimbund der Carbonari. Neben diesen beiden Organisationen existierten kleinere Bünde, die z. T. selbstständig oder auf Initiative der beiden großen Gruppen entstanden. Diese wiederum bedienten sich der kleineren Vereinigungen, um eigene Aktivitäten zu verschleiern und den Verfolgungen der Polizei zu entgehen.[201]

So gab es verschiedene Geheimbünde, wie z. B. die der „Spillanera", der „Cavallieri del Sole" und der „Decisi", deren Mitglieder nicht wussten, dass sie von größeren Bünden gelenkt wurden. Sie alle verfolgten trotz kleinerer Unterschiede ein klar umrissenes Ziel, nämlich die Errichtung einer Republik oder konstitutionellen Monarchie sowie die Freiheit und Unabhängigkeit vom Ausland. Nach dem Sturz Napoleons bemühten sich die „Adelfi" im Piemont um eine Rückkehr des Herrschers sowie Buonarrotis, bisher ein entschiedener Gegner Napoleons, und unterstützen von Genf und Grenoble aus die Einberufung von Freiwilligen gegen die wiedereingesetzten Bourbonen. Gleichzeitig formierte sich in der Lombardei die erste Verschwörung gegen Österreich, die vor allem von Offizieren des aufgelösten napoleonischen Heeres getragen wurde und bei der sich erstmals die Gesellschaft der „Centri" hervortat, die den Sturz des österreichischen Gouvernements und die Errichtung einer Monarchie unter Murat oder Viktor Emanuel I. von Savoyen ins Auge fasste. In Italien blieb die politische Situation, wenn man von einigen kleineren Umsturzversuchen absieht, bis zu den großen Unruhen 1820 und 1821 relativ ruhig.[202]

In Neapel erreichten die unzufriedenen Aufständischen 1820 durch eine von der Carboneria angeregte friedliche Massenkundgebung vom König die Bewilligung einer Konstitution. Die Erhebung der Carbonari unter General Guglielmo Pepe war vor allem gegen die Misswirtschaft König Ferdinands I. gerichtet. Die Aufständischen wollten eine grundlegende Landesreform und versuchten die Unruhen auf das übrige Italien auszuweiten. Um dieses Ziel zu erreichen, reisten Emissäre ins Piemont, in die Lombardei und in den Kirchenstaat. Der Umsturz, anfänglich erfolgreich, wurde später von der österreichischen Armee niedergeschlagen, wobei mitentscheidend war, dass das konstitutionelle Parlament in Neapel mehrheitlich aus gemäßigten, alten Anhängern Murats und reichen Großgrundbesitzern zusammengesetzt war. Diese wollten die politische Macht mit dem Monarchen teilen und standen den Reformvorstellungen der Carbonari eher skeptisch bis ablehnend gegenüber.

Zur selben Zeit brach auch im Piemont eine Revolte aus, mit dem Ziel, die fremde Besatzung aus Italien zu vertreiben. Sie scheiterte aber, weil schon sehr früh Kontroversen unter den Aufständischen ausgebrochen waren. Die Aufstände beunruhigten die Herrscher der „Heiligen Allianz", einem ideologischen Bündnis der konservativen Großmächte, in hohem Maße, sodass harte Strafmaßnahmen und Prozesse gegen Mitglieder der Geheimorganisationen folgten. Besonders die Prozesse gegen die Geheimbünde in Lombardo-Venezien deckten die Reichweite des Netzes der „Adelfi" und „Federati" auf. Ein schwerer Schlag traf Buonarroti und seine Organisation, als ein Beauftragter in Mailand verhaftet wurde und das gesamte dokumentarische Material in die Hände der Polizei fiel. Buonarroti wurde daraufhin aus Genf ausgewiesen und flüchtete nach Brüssel. Auch im Kirchenstaat und im Reich beider Sizilien ging die Polizei massiv gegen die Geheimbünde vor. Die Carboneria in Süditalien konnte aber, wie die weitere Entwicklung zeigte, nicht zerschlagen werden.[203]

Ende der zwanziger Jahre des 19. Jahrhunderts kam es in Ober- und Mittelitalien erneut zu revolutionären Bewegungen. 1827 begann Giuseppe Mazzini seine Aktivitäten in der Carboneria als Sekretär des „Geschäfts" „La Speranza" in Genua. Er breitete sein Verbindungsnetz von Genua bis in die Toskana und in die Lombardei aus. Auch im Piemont hatten Truppen der Carboneria mit Exilierten Kontakt aufgenommen, die im Ausland z. T. alte Organisationen der Carboneria wiederaufbauten, teils auch neue Organisationen gründeten und in Brüssel in enger Verbindung zu Buonarroti standen. Unter den wiedererrichteten Geheimbünden überwog die Carboneria, mit der die Erinnerung an den Aufstand in Neapel 1820 eng verbunden blieb. Beim Ausbruch der Julirevolution 1830 eilte Buonarroti nach Paris, wo er mit den Revolutionären Verbindung aufnahm. Gemeinsam mit anderen Emigranten gründete er Anfang 1831 die „Giunta liberatrice italiana", die ein geeintes Italien unter dem Zeichen demokratischer Freiheiten anstrebte.[204]

In Genua wurde von der Polizei eine angebliche Verschwörung der Carboneria aufgedeckt, ihr führender Kopf, Mazzini, konnte dabei verhaftet werden. Weitere Unruhen brachen in Florenz und in Modena aus, doch auch diese Aufstände wurden durch den österreichischen Eingriff und strenge Polizeimaßnahmen niedergeschlagen. Zahlreiche Patrioten fanden in Frankreich Exil, von wo aus sie auf eine Wiederaufnahme revolutionärer Aktivitäten hofften. So plante Mazzini während seiner Gefängniszeit eine neue Vereinigung, die, um den Nachstellungen der Polizei zu entgehen, auf die bisher erprobten Methoden der Geheimgesellschaften verzichten sollte. Er war der Überzeugung, dass Riten und Zeremonien einem offenen Gespräch aller Mitglieder im Wege stünden. Sein Motto lautete: „Überlegung und Aktion". Als er sich 1831 entweder für einen Zwangswohnsitz oder fürs Exil entscheiden musste, wählte er Letzteres und begab sich nach Marseille, wo er die Vereinigung „Giovine Italia" gründete.[205]

Das Programm des „Jungen Italien" umfasste den Kampf für ein von der Fremdherrschaft befreites Italien und eine durch ein allgemeines Wahlrecht errichtete einheitliche demokratische Republik. Diese Vereinigung trug bereits Züge einer modernen politischen Partei und verdrängte langsam die Carbonari-Bewegung in Italien. Buonarroti, der zunächst mit dem „Jungen Italien" zusammenarbeiten wollte, leitete aufgrund ihres Erfolges gezielte Gegenmaßnahmen ein und gründete eine neue, nur für Italien bestimmte Geheimorganisation „Veri Italiani", die zwar auf die äußeren Formen der Carboneria verzichtete, dennoch an den Grundsätzen einer geheimen Lenkung eines sozialrevolutionären Umsturzes festhielt. Diese Neugründung hatte zudem die Aufgabe, der italienischen Nationalbewegung eine sozialistische Prägung zu geben. Die Unterschiede der beiden Organisationen und ihrer Mentoren, Mazzini und Buonarroti, traten dabei immer deutlicher hervor und steigerten sich bis zum offenen Bruch 1833.[206]

Vielfach wurden die Geheimbünde in verschiedenen europäischen Staaten im 19. Jahrhundert nicht zuletzt aufgrund der Wirksamkeit der Carbonari verfolgt. Die Bespitzelung und Überwachung der Mitglieder nahm deutlich zu, wie aus einem Schreiben des österreichischen Polizeiministers Josef Sedlnitzky an den Gouverneur für die Steiermark und Kärnten vom 6. September 1821 hervorgeht: „Durch die revolutionären Ereignisse, von denen wir in der neuesten Zeit Zeugen gewesen sind, und deren Ursprung, Vorbereitung und Entwicklung dem geheimen Sektenwesen [...] doch größtenteils zugeschrieben werden muss, haben sich S.e. Majestät Anlass gefunden, mir allergnädigst zu befehlen, dass Alles aufgeboten, und mit dem angestrengtesten Eifer dahin gebracht werden soll, um genaue Kenntnis von allen im Auslande bestehenden, öffentlich oder connivendo geduldeten, sowohl älteren, als auch erst in der neuesten Zeit entstandenen, oder sich in Zukunft bildenden geheimen Gesellschaften von ihren Statuten und Umtrieben zu erlangen und in ihre Geheimnisse einzudringen."[207] Dieses Schreiben stand in einem engen Zusammenhang mit dem Geheimbund der Carbonari, der auch auf das Gebiet der Habsburgermonarchie übergreifen wollte. In einem Aktenvermerk wurde darauf besonders hingewiesen. Die Polizeihofstelle empfahl, auf Jahrmärkte große Aufmerksamkeit zu verwenden, da verschiedene Symbole auf Erinnerungsstücken Hinweise auf die Carbonari-Bewegung enthielten.

Innerhalb der Carbonari gab es zwar auch Freimaurer, doch kann dieser politische Geheimbund mit der Freimaurerei nicht gleichgesetzt werden. Selbst in der päpstlichen Bulle „Ecclesiam" vom September 1821 wurde die Carboneria als Ableger oder Nachahmung der Freimaurerei bezeichnet. Abwehrmaßnahmen wurden auch gegen das „Junge Italien" und gegen das „Junge Deutschland" ergriffen. Als 1821 der Kaiser vor dem Geheimbund der Carbonari warnte, betraf diese Warnung auch die geheime Gesellschaft „Junges Italien", die als staatsgefährlich eingestuft wurde. Im entsprechenden Circulare des k.k. illyrischen Guberniums zu Laibach wird besonders auf die Gefahr dieser Vereinigung hingewiesen, die bestehenden Regierungen zu stürzen und die bürgerliche Ordnung zu zerstören.[208]

Das Spitzelwesen entwickelte sich im System Metternich so stark, dass Polizeibeamte sogar den Auftrag erhielten, sich in den Freimaurerlogen des benachbarten Deutschland und Italien als „Suchende" zu melden und dann aufnehmen zu lassen, obwohl unter Franz II. der Amtseid eingeführt wurde, wonach kein Staatsbeamter einer geheimen Gesellschaft angehören durfte. Polizeiminister Sedlnitzky hatte der Gefahr eines Übergreifens der Carbonari vorgebeugt, indem er alle Länderchefs anwies, strengste Wachsamkeit gegenüber Reisenden aus Italien und der Schweiz zu üben. Ein angeblich genaues Verzeichnis aller Personen, die dem Geheimbund der Carbonari angehörten, bot ihm Gelegenheit, diesen den Eintritt in die Monarchie zu verweigern. Trotzdem konnte – wie das Beispiel Tirol zeigte – nicht verhindert werden, dass Ideen der Carbonari-Bewegung nach Österreich gelangten und vor allem bei Handwerkergesellen eine gewisse Resonanz fanden. So gab es in Tirol kommunistische Umtriebe, später wurde hier ein Kommunistenverein gegründet. Nach Berichten der Polizeihofstelle in Wien gab es sogar eine eigene Kommission der „Carboneria" für Tirol.[209] Diese wenigen

Beispiele verdeutlichen, dass der Geheimbund der Carbonari im Mittelpunkt verschiedener Verschwörungstheorien stand, die sich im Denken der Polizeibehörden zunehmend verfestigten. Das Grundmuster bildete auch hier jenes der Freimaurerverschwörung im 18. Jahrhundert.

6. Die sozialistische und kommunistische Verschwörung

Die gegen Demokraten, Sozialisten und Kommunisten gerichtete säkularisierte Verschwörungstheorie verstand sich als Reaktion auf die Aufklärung und die Französische Revolution. Nach ihr sei das Ancien Régime sakral legitimiert gewesen. Noch 1791 stellte ein Augsburger Jesuit fest: „Eine Bruderschaft, die unter Personen von verschiedenen Ständen eingegangen wird, hat kein Verhältnis zu der Verschiedenheit der hierarchischen Ordnung, welche Gott zur guten Leitung der Welt eingesetzt hat, daraus folgt unnachlässlich der Umsturz des geistlichen und weltlichen Systemes."[210] Die Verschwörungsthese konnte von einem ständisch-hierarchischen Standpunkt aus Fundamentalkritik am Gleichheitsprinzip vorbringen, sodass sie von Repräsentanten des Ancien Régime als auch später von antiliberalen und gleichzeitig auch antisemitischen Vertretern des Rechtsradikalismus und Rechtspopulismus verwendet werden konnte. So entwickelte die Verschwörungsthese ein antimodernistisches Feindbild, das Unterstützung bot für die Verbindung von in feindlicher Nähe zueinander stehenden Traditionalisten, Konservativen und Nationalsozialisten in gemeinsamer Frontstellung gegen Laizismus, Liberalismus, Judenemanzipation und Sozialismus. 1924 klagte Kaiser Wilhelm II. im Exil, dass die Schuld an der Revolution von 1918 in erster Linie die Freimaurer zu tragen hätten. Dies begründete er damit, dass die Freimaurer der Mittelmächte mit den Freimaurern der Entente engstens zusammengearbeitet hätten. Hinter dieser Zuordnung stand jedoch jene deutsche Kriegsideologie, in deren Zentrum nach dem Ersten Weltkrieg der „Sieg des demokratisch-nationalen Prinzips über das theokratisch-autokratische, monarchisch feudale, militärisch imperialistische“ stand.[211]

In der Schrift „Katholische Bewegung“ aus dem Jahre 1881 wird betont: „Was heißt hier moderne Ideen? Es sind die 1789, 1830, 1848 propagierten Ideen der Revolution [...] Es sind die Ideen des Jesum verfluchenden und in seinen Gliedern verfolgenden Talmudismus.“[212] Diese Feststellungen stehen noch ganz in der Tradition des Verschwörungstheoretikers Augustin Barruel. Der protestantische alldeutsche Präsident des Flottenvereins Fürst Otto zu Salm-Horstmar behauptete im Juli 1918 in einer Rede im preußischen Herrenhaus, alle Revolutionen der Neuzeit wären von Freimaurern angezettelt worden. Er stellte die „jüdisch-demokratische“ der „deutsch-aristokratischen Weltanschauung“ gegenüber und warnte vor der „jüdisch-freimaurerischen“ Sozialistischen Internationale.[213] Die Verschwörungsthese war Ausdruck einer politischen Theologie, die von der Gleichung Demokratie ist gleich Atheismus ausging. Sie war auch der Hintergrund für die von den Kanzeln ausgehenden Denunziationen der Freimaurer, so z. B. die bereits zitierte des Aachener Dominikaners Greinemann: „Die Juden, die den Heiland kreuzigten, waren Freimaurer, Pilatus und Herodes die Vorsteher einer Loge. Judas hatte sich, bevor er Jesus verriet, in einer Loge zum Meister machen lassen.“[214]

Mit dieser unbewiesenen und abwegigen Behauptung wurde die Basis für ein Hauptmerkmal des Verschwörungsdenkens gelegt, die antijudaistische und antisemitische Akzentsetzung. Eine engagierte Parteinahme für das hierarchische Bündnis von „Thron und Altar“, wie es für Barruel noch eindeutig war, wurde im 19. Jahrhundert immer seltener, weil man nicht als Reaktionär abgestempelt werden wollte. Dies dürfte auch der Grund dafür sein, dass das demokratische Gleichheitsprinzip nur mehr selten in Frage gestellt wurde. Hingegen gab es zahlreiche Versuche, dieses wichtige demokratische Element indirekt in Frage zu stellen und die Juden als Profiteure zu diffamieren. Dazu schrieb Édouard Drumont in seinem antisemitischen Buch „La France Juive“ (1886): „Der einzige, der bei der Revolution gewonnen hat, ist der Jude […] Der Jude hat sich in der Absicht, die alte Zeit, welche ihn zurückwies, zu beteiligen, schlauerweise an die Spitze der demokratischen Bewegung gestellt. Karl Marx, Lassalle sowie die hauptsächlichen Vertreter des Nihilismus sind die Juden.“[215] Bei Paul Bang im 1919 veröffentlichten „Judas Schuldbuch. Eine deutsche Abrechnung“ wird formuliert: „Den Eingang ins gelobte Land bildet […] das allgemeine gleiche Wahlrecht.“[216] Darüber hinaus hebt der Autor mit seiner Auffassung des angeblichen „Liebesverhältnisses zwischen jüdischem Großkapital und Sozialdemokratie“ eine weitere Grundthese des Antisemitismus hervor, dass nicht nur der Sozialismus, sondern auch der Kapitalismus jüdisch geprägt sei.[217] Der Engländer Hilaire Belloc sprach 1922 sogar von einer jüdischen Doppelverschwörung: „Der Jude reitet auf dem kapitalistischen Pferde und auf dem kommunistischen.“[218]

Bei katholischen Publizisten finden sich im letzten Viertel des 19. Jahrhunderts scharfe Kritiken gegen den „Juden-Kapitalismus“ und „Rothschildismus“, wie z. B. bei Bang, der vom „kapitalistischen Kommunismus“ spricht.[219] Wilhelm Stieber, Königlich Hannoveranischer Polizei-Direktor, gilt als erster Kommunistenjäger und Konstrukteur der ersten antikommunistischen Verschwörungstheorie. Mit seiner Hilfe gelang es den Kriminalbehörden, die „Agenten des Kommunistenbundes“ in Deutschland festzunehmen und gegen zwölf Mitglieder Anklage zu erheben. Der Prozess in Köln dauerte vom 4. Oktober bis zum 12. November 1852. Die große Kommunistenverschwörung konnte allerdings in diesem Prozess nicht bewiesen werden. Stieber erweiterte seine Verschwörungstheorie, indem er auch die Sozialisten miteinbezog. 1852 erschien das Pamphlet „Der Freimaurer-Orden in seiner wahren Bedeutung“ aus der Feder des Advokaten Eduard

Emil Eckert, der eine angebliche Freimaurer-Verschwörung aufdecken wollte. Er stellte die absurde Behauptung auf, dass die deutsche Reichsverfassung von 1848/49 vom „engeren Maurerbunde den reinen Social-Demokraten“ dekretiert worden sei.[220] Mit dem Essener Jesuitenpater Pachtler bekam dieser Antimasonismus eine zusätzliche antijüdische Betonung. In der Broschüre „Die internationale Arbeiterverbindung von 1871“, die sich als eine Reaktion auf den Aufstand der Kommune in Paris verstand, behauptete er, die Sozialistische Internationale wachse durch die von den Geheimbünden und Logen eingeleitete Entchristlichung der Massen weiter an. Der „Sozialistenbund“ wird als die „furchtbarste politische und religiöse Verschwörung in der ganzen Weltgeschichte“ bezeichnet.[221] Der katholischen Kirche schreibt er die Bedeutung zu, die „geängstigte Menschheit vor der unheilvollen socialistischen Überflutung“ zu bewahren. Der Arbeiterbund, betont Pachtler, sei nach dem Organisationsmuster und den Grundsätzen einer Loge aufgebaut und das „Schoßkind der liberalen Meinungen“. Er würde, vom Juden Karl Marx gegründet, zur „Gottesgeißel“ für den Liberalismus.[222] Im Aufsatz „Die alte Garde der grundsätzlichen Revolution“, von einem anonymen Verfasser 1872 in den „Historisch-Politischen Blättern für das Katholische Deutschland“ veröffentlicht, wird eine weitere antimasonisch-antijüdische Verschwörungstheorie entwickelt: „Die Spitze der Logen bildet Juda, die christlichen Logen sind blinde Puppen, welche von Juden in Bewegung gesetzt werden.“[223] In diesem Zusammenhang wird auf den „Juden Karl Marx“ und auf die „Entente Cordiale“ zwischen Juda und der Arbeiterbewegung hingewiesen, gleichzeitig aber einschränkend festgestellt: „Der Jude, der zum Gott seiner Väter betet, an Moses und den Propheten der Bibel festhält und den Dekalog zur Richtschnur seines Lebens und Strebens macht, ist ganz sicher kein Revolutionsmensch.“[224]

Constantin Frantz warf in seiner Streitschrift „Der Nationalliberalismus und die Judenherrschaft“ von 1874 den Sozialisten vor, sie hätten „nichts Dringenderes zu tun […] als gegen Kirche und Christentum anzurennen". Er meinte hier vor allem die jüdischen Sozialisten.[225] Wilhelm Marr stellte 1879 in seinem Buch „Der Sieg des Judentums über das Germanentum" die These auf, dass „Jude und Geldmensch" identisch wären. Er begründete dies u. a. damit, dass der Gründer der deutschen Sozialdemokratie, Ferdinand Lassalle, ein Semit gewesen sei.[226] Der Sozialdarwinist Eugen Dühring unterstellte in seiner Publikation „Judenfrage als Frage des Racencharakters und seiner Schädlichkeiten für Völkerexistenz, Sitte und Cultur" eine jüdische Verschwörung: Karl Marx habe von London aus „unter der Firma des Socialismus einen sog. Arbeiterbund, in Wahrheit aber eine Judenallianz betrieben".[227] Er beklagte die „Verjudung der deutschen sog. Socialdemokratie" und polemisierte gegen diese, indem er sie als „Judokratie über die Arbeiter" bezeichnete.[228] Der Zentrumspolitiker Matthias Erzberger erwähnte in seiner Broschüre „Christliche oder socialdemokratische Gewerkschaften?" von 1898, dass mit Lassalle und Marx die Grundsteinleger der Sozialdemokratie Juden seien und die sozialdemokratische Presse in mehreren europäischen Ländern „nahezu vollständig verjudet" wäre.[229] Er bezeichnete die jüdischen Sozialdemokraten als „falsche Propheten" und sagte über das sozialistische Parteiprogramm, dass „in der gegenwärtigen Gesellschaftsordnung kein Heil" erkennbar wäre. Daraus zog er den Schluss, dass die kommunistische Gesellschaftsordnung das „einzige Rettungsmittel" sei.[230] Die außergewöhnliche und sich in Verschwörungstheorien zeigende Rolle der Juden in der sozialistischen Bewegung wurde u. a. auch damit begründet, dass mit deren gesetzlicher Emanzipation nicht immer die faktische Gleichberechtigung einherging.

Auch die Theosophie und ihre Lehren waren in Rassismus und Verschwörungstheorien verwickelt. So druckte z. B. die Theosophische Gesellschaft 1888 die „Protokolle der Weisen von Zion" nach. Helena P. Blavatsky, eine gebürtige Russin, Theosophin und Mystikerin, vertrat u. a. eine antisemitische Mythologie der russischen Aristokratie. Die klerikale Kampagne gegen die Freimaurer sei vor allem zur Verbergung der bösen Machenschaften der Jesuiten durchgeführt worden. In Kiew gäbe es mehr Juden als Nichtjuden, und der gesamte Handel würde sich in deren Hand befinden. In diesem Umfeld wurden Verschwörungstheorien entwickelt, die sich gegen die Jesuiten und Juden richteten.[231]

Das politische Engagement jüdischer Führer in den Revolutionen Ost- und Mitteleuropas führte dazu, dass bei vielen Antisemiten die „Protokolle der Weisen von Zion" als wichtiges Dokument der jüdischen Weltverschwörung galten. Norman Cohn hob in seinem Standardwerk über die „Protokolle" hervor, dass sich der „Mythos von der jüdisch-kommunistischen Verschwörung [...] als zugkräftiger [erwies] als der von der jüdisch-freimaurerischen".[232] Mit den revolutionären Umbrüchen von 1917 bis 1923 entstanden mehrere Verschwörungstheorien, die ihren Ausdruck in einer großen Anzahl von Pamphleten fanden. So formulierte Friedrich Wichtl in seiner Schrift über „Freimaurerei, Zionismus, Kommunismus, Spartakismus, Bolschewismus" (1921) das Feindbild „Freimaurer und Juden" folgendermaßen: „Freimaurer und Juden hätten sich gegen Deutschland verschworen, den Weltkrieg angezettelt und Deutschland mittels eines freimaurerischen Diktatfriedens ruiniert."[233] In diesem Zusammenhang stellte Wichtl auch eine direkte Verbindung zwischen dem Ordensnamen „Spartakus", den der Gründer des Illuminatenordens Adam Weishaupt führte, und den Spartakisten Karl Liebknecht und Rosa Luxemburg sowie dem Juden Towja Axelrod her, der in der Münchner Räterepublik engagiert war. Auf die „Illuminaten-Verschwörung" zur Zeit der Aufklärung bezog sich auch das 1919 erschienene Buch „Entente-Freimaurerei und Weltkrieg" des theosophisch-okkultistisch orientierten Schweizers Karl Heise. Er konstruierte einen „inneren Zusammenhang von Logen, Großkapitalismus und Bolschewismus".[234]

Zweifelsohne erfuhr der Antisemitismus nach 1917 aus Furcht vor dem Bolschewismus eine starke Radikalisierung. Der Hauptgrund lag vor allem darin, dass jüdische Revolutionäre zahlenmäßig sehr stark als Revolutionsführer tätig waren. Der Bolschewismus wurde sogar als ein „jüdischer" bezeichnet. So konstatierte der amerikanische Präsident Woodrow Wilson im Mai 1919 in Paris, der Bolschewismus würde von Juden angeführt.[235] Auch Adolf Hitler war von einer Existenz der jüdisch-kommunistischen Verschwörung überzeugt. Dabei hatte er sich von russischen Emigranten beeinflussen lassen, sodass sich in ihm die Überzeugung verfestigte, das Sowjetregime sei eine „jüdische Diktatur".[236] Darin erblickte er eine große Gefahr für Deutschland. In seiner Schrift „Mein Kampf" erklärte er, in München hätte nach der Ermordung von Kurt Eisner eine „vorübergehende Judendiktatur" die Politik entscheidend geprägt. Daher gab er in seiner Bürgerbräu-Rede vom 27. Februar 1925 die Parole aus: „Kampf dem Marxismus sowie dem geistigen Träger dieser Weltpest und Seuche, dem Juden." Hitler beklagte die Bolschewisierung Deutschlands, die jüdische Weltfinanz war nach seiner Meinung nur das Vorspiel für die jüdische Welteroberung. Im russischen Bolschewismus sah er den Versuch des Judentums, die Weltherrschaft zu erringen. In seinem Neujahrsaufruf vom 1. Januar 1942 sprach er vom „Kampf gegen die jüdisch-kapitalistisch-bolschewistische Weltverschwörung".[237]

Der spätere Chef der CIA und amerikanische Geheimdienstler Allen Dulles stellte im Zusammenhang mit dem Antisemitismus in München fest: „Als Ergebnis der oft leitenden Mitgliedschaft bayerischer Juden in kommunistischen Gruppen hat sich inzwischen die Toleranz der Vorkriegszeit geändert und eine stark antisemitische Bewegung ist entstanden."[238] Diese Bewegung ging von einer verleumderisch-verallgemeinernden Gleichsetzung von Juden und Kommunisten aus und propagierte eine Kollektivschuldthese. So betonte die militante Thule-Gesellschaft bereits am 9. November 1918: „Anstelle unserer Fürsten herrscht jetzt

Juda."[239] In München kursierte zudem ein Flugblatt, in dem polemisch und provokant formuliert wurde: „Bolschewismus ist Judensache. Bolschewismus ohne Juden gibt es nicht."[240] In einem Handzettel des „Deutschvölkischen Schutz- und Trutzbundes", der 1919 verteilt wurde, hieß es: „Fast jeder Jude ist ein verkappter Bolschewist."[241]

Die damals weit verbreitete Gleichsetzung von Juden und Kommunisten fand sich auch in Zeitromanen, wie z. B. im 1918 erschienenen Bestseller „Die Sünde wider das Blut" von Artur Dinter. Dort wurde behauptet: „Die Führer des Bolschewismus, Levi, Trotzki, Braunstein, Radek [Sobelsohn] sind bekanntlich Juden."[242] Dinter und andere sahen in den „roten Assimilanten" den Beweis, dass die Juden die Weltherrschaft anstrebten. Daraus leiteten die Radikalvölkischen die Forderung ab: „Wer den Kommunismus bekämpfen will, der muss zuerst die Wurzel fassen und das sind die Juden."[243] Der jüdische Sozialist Moriz Rappaport bezeichnete in seiner Schrift von 1919 („Sozialismus, Revolution und Judentum") den Organisator der Roten Armee, Leo Trotzki, als „Begründer der Weltrevolution". Alle diese Unterstellungen und Behauptungen führten dazu, dass die Kampfthese von einer jüdisch-kommunistischen Verschwörung entstehen und sich verbreiten konnte. Dieser Mythos wurde schließlich sehr geschichtsmächtig und findet sich noch heute in antisemitischen und rechtsradikalen Schriften. Die Tragweite und Verbreitungsdichte dieses Mythos zeigt sich u. a. auch in der neuesten wissenschaftlichen Literatur. So vertrat z. B. der Russland-Experte Richard Pipes die umstrittene Meinung, das internationale Judentum habe den Kommunismus erfunden, um die christliche oder „arische" Zivilisation zu vernichten. Damit sei auch die ideologische und psychologische Begründung für die „Endlösung" geliefert worden. Pipes hat auch darauf verwiesen, dass Kommunisten vielfach in paranoider Weise an eine gegen sie gerichtete weltweite Verschwörung geglaubt hätten. Dabei sei dem „Kapital" als vermeintlicher „Verschwörungsagentur" eine Schlüsselrolle zugefallen. Diese Verschwörungstheorie, die so weit geht, Adolf Hitler und Adolf Eichmann als Agenten des „Kapitals" hinzustellen, hat mit der antirevolutionären Verschwörungstheorie gemein, dass es sich um ein umfassendes marxistisches „Welterklärungsmodell" handelt.[244]

Für verschiedene Autoren und NS-Ideologen bildeten die Theorie von der Wesensgleichheit und die Gleichsetzung von Juden und Kommunisten die Basis für eine weltweit agierende antibolschewistische Propaganda. Diese Theorie wurde auch als Variante der „Kollektivschuldtheorie" bezeichnet, weil sie größtenteils auf subtile Verschwörungstheorien verzichtete. Im Dritten Reich nahm sie in ihrer militanten Ausprägung die Form einer Staatsideologie an.[245] Auch die „Protokolle der Weisen von Zion" spielten in diesem Zusammenhang eine wichtige Rolle. Nachdem die Rote Armee 1920 an die Weichsel vorgerückt war, propagierten die polnischen Bischöfe in einem Hirtenbrief eine christlich-antikommunistische Variante der Verschwörungstheorie. Darin heißt es: „Das wahre Ziel des Bolschewismus ist Welteroberung. Die Rasse, welche die Führung des Bolschewismus in den Händen hat [...] zielt auf die endgültige Unterwerfung der Nationen [...] besonders weil jene, die die Führer des Bolschewismus sind, den traditionellen Hass gegen das Christentum in ihrem Blut haben. Der Bolschewismus ist in Wahrheit die Verkörperung und Fleischwerdung des Antichrist auf Erden."[246]

In kirchlichen Kreisen war die Überzeugung weit verbreitet, der gewalttätige und auch militant-antichristliche Marxismus-Leninismus entspreche einer bestimmten „jüdischen Seelenlage". Für Heinrich Himmler stand fest, dass der Bolschewismus von Juden organisiert war, und Alfred Rosenberg beschrieb ihn 1936 auf dem Nürnberger Parteitag als „Form der jüdischen Weltrevolution".[247] Für Hitler stand „hinter dem marxistischen Glaubensbekenntnis [...] der Jude".[248] Die weltweit verbreitete Behauptung, der Bolschewismus wäre mit einer jüdischen Verschwörung gleichzusetzen, hat eine weit reichende Bedeutung, weil durch sie die tieferen Ursachen für den nationalsozialistischen Völkermord an den Juden erklärt werden können.

7. Die jüdisch-freimaurerische Weltverschwörung

Für das Entstehen der These von der jüdisch-freimaurerischen Weltverschwörung war die Stellung des Judentums in der mittelalterlichen Sozialordnung von entscheidender Bedeutung. Die Juden, denen die volle Integration in die mittelalterliche und frühneuzeitliche Gesellschaft nicht gelang, waren auf Kleinhandel, Wechselgeschäft und Geldverleih beschränkt, weshalb sie über ein geringes Ansehen verfügten. So entstand langsam auch der ökonomisch-soziale Antisemitismus.[249]

Da die in der Freimaurerei entwickelten naturrechtlich-aufklärerischen Ideen die soziale und politische Emanzipation der Juden vorbereitet hatten, wurden diese nach 1789 aus christlich-konservativer Sicht als Nutznießer und auch als Förderer des Emanzipationsprozesses misstrauisch betrachtet. In einigen zeitgenössischen Darstellungen wird darauf hingewiesen, dass die Juden „nützliche Werkzeuge“ der Sekte der Illuminaten und Jakobiner wären und diese Sekte den Hass der Juden gegen die Regierungen Europas skrupellos ausnütze.[250] Wie gut sich der überkommene Antisemitismus zur Provozierung und Steuerung von Aggressionen einsetzen ließ, belegen zahlreiche, im Verlauf der gegenrevolutionären Bewegungen verschiedener Revolutionsphasen begangene antisemitische Ausschreitungen. Im Verlauf des 19. Jahrhunderts nahm der auf die Juden bezogene Verschwörungsverdacht Züge einer Zwangsneurose an. Unter dem Einfluss des sozialen Wandels und Säkularisierungsprozesses der bestehenden Herrschaftsstrukturen verdichteten sich Verschwörungstheoreme gegen Freimaurer und Juden, sodass der soziale Wandel aus der Perspektive der alten Oberschichten und der Geistlichkeit sowie der durch den Industrialisierungsprozess verunsicherten

Mittel- und Unterschichten als „Verjudung des christlichen Staates“ erschien.[251] Da die Juden zum Teil als Symbol der Modernität gesehen wurden und zudem aufgrund der noch immer stark fortwirkenden christlich-mittelalterlichen Dämonologie für viele mit unheimlichen Zügen ausgestattet waren, boten sie sich in besonderer Weise dafür an, in den Mittelpunkt der antimodernistischen und antiliberalen Verschwörungstheorie gerückt zu werden und als „Sündenböcke“ zu fungieren.[252]

Im 19. und 20. Jahrhundert findet sich die Verschwörungstheorie besonders bei katholischen Geistlichen, antiliberalen Royalisten und Rechtsradikalen. In der überwiegend auf Barruel aufbauenden Pamphletliteratur, die schließlich in den „Protokollen der Weisen von Zion“ ihren Höhepunkt erreichte, fällt auf, dass die geschichtstheologischen Elemente mehr und mehr zugunsten einer weltlichen, politischen Agitation zurücktreten. Da Verschwörungstheoreme und Sündenbockzuweisungen in Krisenzeiten sprunghaft zunehmen, ist es verständlich, dass in Deutschland nach 1918 die Verschwörungstheorie neue Aktualität erhielt.

Seit der Zunahme des Antisemitismus im ausgehenden 19. und beginnenden 20. Jahrhundert trat das Judentum in der Verschwörungstheorie als wesentlicher Faktor hinzu, wobei auf ältere Vorstellungen zurückgegriffen wurde: Freimaurer und Juden hätten sich gegen Deutschland verschworen, den Ersten Weltkrieg angezettelt und Deutschland durch ein freimaurerisches Diktatfriedensprogramm ruiniert – so die Kurzformel der Beschuldigung. Auch hier tritt die Sündenbockzuweisung deutlich hervor.[253]

Die Verbindung freimaurerisch-jüdische Weltverschwörung hat einen komplexen Ursprung, der hier nur skizzen- und umrisshaft aufgezeigt werden kann. Bereits in der zweiten Hälfte des 19. Jahrhunderts rückten die Juden parallel zum langsamen Emanzipationsprozess mehr und mehr in den Mittelpunkt der vermeintlichen Verschwörung, sodass es später sogar zur Gleichsetzung, ja Austauschbarkeit der Attribute „freimaurerisch" und „jüdisch" kam. Für die Herausbildung der These von der jüdisch-freimaurerischen Weltverschwörung waren neben der Stellung des Judentums in der mittelalterlichen Sozialordnung vor allem die naturrechtlich-aufklärerischen Vorstellungen des 18. Jahrhunderts bedeutsam, die die soziale und politische Emanzipation des Judentums einleiteten und vorbereiteten. Schon zur Zeit der Französischen Revolution finden sich zahlreiche Hinweise über die Juden als „nützliche Werkzeuge" der Illuminaten und Jakobiner. Nach 1815 wurde ganz deutlich, dass Aufklärung und Säkularisierung den Konflikt zwischen Christentum und Judentum nur scheinbar aufgelöst hatten. Wohl verschwand das mehr oder weniger hasserfüllte Bewusstsein eines christlich-jüdischen Antagonismus innerhalb der religiösen Sphäre der Aufklärung, die Hexen- und Teufelsgestalten des mittelalterlichen Judenhasses aber, jetzt in weltliche Gewänder gehüllt, tauchten nach wie vor auf und beeinflussten Gesellschaft und Politik vor dem Hintergrund der zunehmenden Ideologisierung, Industrialisierung und Politisierung des Vormärz.[254]

Bereits in dieser Zeit werden in vielen Dokumenten und Broschüren die Juden nicht mehr nur als Gefolgsleute der Aufklärer und Revolutionäre gesehen, sondern als Drahtzieher eines auf Weltherrschaft gerichteten Komplotts. Hier entstand in Grundzügen die später von der antiliberalen und rechtsradikalen Agitation aufgegriffene These von der jüdisch-freimaurerischen Weltverschwörung als Reaktion auf die Französische Revolution. Als Grundmuster hieß dies am Anfang des 20. Jahrhunderts: „Die Spitze der Loge bildet Juda, die christlichen Logen sind blinde Puppen, welche von den Juden in Bewegung gesetzt werden, ohne es größtenteils zu wissen."[255]

Von besonderer Relevanz für das Echo solcher Theorien und für die Bündnispolitik der völkischen Bewegung war das 1919 erschienene und 1920 erweiterte Buch „Entente-Freimaurerei und Weltkrieg" des Schweizers Karl Heise.[256] Auch er griff auf die

Illuminatenverschwörung des 18. Jahrhunderts zurück und behauptete einen inneren Zusammenhang zwischen Loge, Großkapitalismus und Bolschewismus. Ihre Bündelung fanden diese grotesken Vorstellungen in den bereits erwähnten „Protokollen der Weisen von Zion", die im Detail von einer weltumspannenden jüdisch-freimaurerischen Verschwörung handeln.

Die neuere Forschung sieht in den „Protokollen" eine Variante des modernisierten und wiedererweckten dämonologischen Antisemitismus.[257] Der Urschrift, die weltweit Verbreitung fand, lag das Buch des russischen Pseudomystikers Sergej Nilus „Das Große im Kleinen und der Antichrist als nahe politische Möglichkeit" von 1905 zugrunde. Einige Historiker zweifeln heute nicht mehr daran, dass die „Protokolle" im Auftrag des Auslandschefs der russischen Geheimpolizei, General Pjotr I. Ratschovski, in den Jahren 1897–1899 in Paris geschrieben wurden. Die Fälschung wurde amtlich bekannt durch den von der Israelitischen Kultusgemeinde initiierten Prozess in Bern 1934/35.[258] Alfred Rosenberg, der „Beauftragte des Führers für die Überwachung der gesamten geistigen und weltanschaulichen Schulung und Erziehung der NSDAP", betonte in seinen antifreimaurerischen Schriften auf der Grundlage der „Protokolle", hinter der nationalen Politik stünde als eigentlicher Lenker die „alljüdische Hochfinanz", die sich in nationalen, philanthropischen und religiösen Weltbünden organisiert habe. Die entscheidende Frage nach den Ursachen dieser von ihm diagnostizierten Lage sieht er in den „Protokollen", die er 1923 bearbeitete und auszugsweise mit Kommentaren herausgab.[259]

So finden sich z. B. in der vierten Sitzung Hinweise auf die Tätigkeit der Freimaurerei, die von Rosenberg als wichtige Unterstützung der jüdischen Hochfinanz gedeutet wird. In der elften Sitzung sind neben Weltherrschaftsgedanken Aussagen über jüdische Freimaurerlogen erwähnt, von denen Rosenberg besonders den in Chicago ansässigen und weltweit verbreiteten Orden „Bnai Brith" hervorhebt[260], in dem neben religiösen Juden auch

Zionisten saßen und der sich – nach Rosenberg – zur Unterstützung der alljüdischen Weltanleihe bekannte. In der fünfzehnten Sitzung wird auf die Durchführung der Weltrevolution Bezug genommen und nochmals die Rolle der Freimaurerlogen präzisiert: „Es wird noch viel Zeit, vielleicht sogar ein ganzes Jahrhundert vergehen, bis der von uns in allen Staaten für ein und denselben Tag vorbereitete Umsturz zum Ziele führt und die völlige Unfähigkeit der bestehenden Regierungen allgemein anerkannt wird. Haben wir endlich die volle Herrschaft erlangt, so werden wir dafür zu sorgen wissen, daß gegen uns keinerlei Verschwörungen stattfinden können. Wir werden jeden unbarmherzig hinrichten lassen, der sich mit der Waffe in der Hand gegen uns und unsere Herrschaft auflehnt [...] Wir werden den Einfluß der Logen dadurch verstärken, daß wir ihnen alle Persönlichkeiten zuführen, die in der Öffentlichkeit eine hervorragende Rolle spielen oder spielen können; denn diese Logen werden eine Hauptauskunftsstelle bilden, und von ihnen wird ein großer Einfluß ausströmen. Alle Logen fassen wir unter einer Hauptleitung zusammen, die nur uns bekannt ist, allen anderen aber verborgen bleibt [...] In diesen Logen werden die Fäden aller umstürzlerischen und freisinnigen Bestrebungen zusammenlaufen."[261] Die Hauptleitung dieser Weltverschwörung saß für Rosenberg im „Bnai-Brith-Orden", der laut nationalsozialistischen Forschungen insgesamt 450 Logen umfasste.[262]

Was ist über die „Protokolle" bekannt? Es handelt sich um einen Text von ca. 60 bis 80 Seiten, der in 24 Abschnitte gegliedert ist. Sein Inhalt ist anscheinend eine wörtliche Wiedergabe einer Rede, die von einem anonymen jüdischen Führer im Rahmen der Sitzungen der sogenannten „Weisen von Zion" an einem Ort, der nicht genannt wird, zu einem nicht erwähnten Zeitpunkt gehalten wurde. In dieser Rede wird auf die geheimen Methoden und Ziele einer jahrhundertealten jüdisch-freimaurerischen Verschwörung gegen die gesamte nicht jüdische Welt in allen Einzelheiten hingewiesen.[263]

Der Erfolg der „Protokolle“ ist schon oft und sehr detailliert beschrieben worden. Besonders verbreitet waren sie in England, wo zunächst sogar ein Teil der seriösen bürgerlichen Presse erkennen ließ, dass sie echt waren, und in den USA, wo kein Geringerer als Henry Ford als überzeugter Anhänger und Propagandist der „Protokolle“ galt. In Deutschland verbreiteten vor allem rechtsextreme und antisemitische Kreise diese Schrift. Die Nationalsozialisten, die die Rechte an der deutschen Ausgabe erwarben, propagierten die „Protokolle“ und verbreiteten sie in großer Anzahl. Von ihren Gegnern werden sie als „Bibel des Antisemitismus“ und sogar als „Freibrief zum Völkermord“ bezeichnet. Daher wird auch gefordert, dass die Herstellung und Verbreitung des Textes zu verbieten und unter Strafe zu stellen sei.[264]

Bei genauerer Lektüre der „Protokolle“ stellt sich allerdings die Frage, wie dieser Text agitatorische Wirkung erzielen sollte. Für eine Hetzschrift ist er zu lang, unübersichtlich, schlecht strukturiert und weist auch an verschiedenen Stellen Widersprüche auf. Die „Protokolle“ beschreiben zunächst genau die Strategie und Taktik, nach der die Verschwörer Politik und Gesellschaft unterwandern, z. B. dadurch, dass die christlichen Nationen durch Revolution, Krieg und Anarchie erschüttert und durch Rationalismus, Materialismus und Atheismus demoralisiert werden sollen. Anschließend wird dargestellt, wie das zu errichtende jüdische Weltreich auf der zerstörten alten Ordnung aussehen soll. Erwähnt wird in diesem Zusammenhang eine zentralistische und patriarchalische Diktatur mit einem König aus dem Hause David, der als charismatische Figur beschrieben wird. Am Schluss der Verschwörung steht schließlich nicht die Versklavung oder Vernichtung der Nicht-Juden durch die Juden, sondern das Ziel einer neuen Gesellschaft voll „Manneszucht und Kampfesmut“, eine Art totalitäre Wohlfahrtsdiktatur mit sozialistischen Zügen.[265]

Worin besteht die ungebrochene Wirkung der „Protokolle“? Nicht so sehr im Inhalt, sondern auf ihrer ausschließlichen Existenz, ist die Forschung heute überzeugt. Das dahinter stehende Denkschema lautet: Weil es die „Protokolle“ gibt, existiert auch ein allumfassender Plan der Verschwörer und deshalb gibt es eine Verschwörung. Der Inhalt der „Protokolle“ ist in diesem Kontext zweitrangig. Bei einem Vergleich der verschiedenen Ausgaben erkennt man rasch, dass schon die frühesten Ausgaben inhaltlich voneinander abweichen. Der Text wurde stets verändert, redigiert und den neuen Umständen und Absichten entsprechend modifiziert. Dazu kam, dass die Verteidiger der „Protokolle“ immer wieder neue Angaben über deren Herkunft, Alter und Verfasser machten.[266]

So erweisen sich die „Protokolle der Weisen von Zion“ als beliebig einsetzbar und boten sich daher nicht nur zur antijüdischen Agitation an. Sie enthalten eigentlich nur wenige spezifisch jüdische oder antijüdische Motive, sodass man statt der Bezeichnung „Juden“ auch „Jesuiten“ oder „Freimaurer“ einsetzen konnte. Englische und amerikanische Verschwörungstheoretiker brachten die „Protokolle“ wiederholt mit den „Illuminaten“ in enge Verbindung.[267] Alexandr Dugin, der führende Verschwörungstheoretiker Russlands und wichtige Berater des Vorsitzenden der Staatsduma, war davon überzeugt, dass die „Protokolle“ im zweiten, positiven Teil den Charakter „traditioneller arischer Mentalität“ aufweisen.[268] Mit diesem Hinweis ist allerdings die Frage nach den Gründen für die anhaltende Attraktivität der „Protokolle“ noch nicht ausreichend beantwortet. Entscheidend scheint zu sein, dass sie einen Plan entfalten, nach dem die Geschichte strukturiert und auf ein Ziel hin ausgerichtet wird, nämlich auf die jüdische Weltherrschaft. Dieser Plan ist sehr umfassend und bis zu seiner Enthüllung, die durch die Entdeckung der „Protokolle“ geschieht, geheim und verborgen. Seine Realisierung vollzieht sich in einem permanenten, offen oder verdeckt geführten Kampf antagonistischer Mächte. Dahinter stehen drei Grundmotive abendländischer Geschichtsphilosophie: Teleologie, Dualismus und Okkultismus.[269]

Dass die Geschichte nach einem Plan und linear zielgerichtet verläuft, ist eine jüdische und christliche Vorstellung. Die Einheit dieses historischen Prozesses basiert auf dem Plan Gottes, der den Gläubigen in seinen wesentlichsten Entwicklungsphasen geoffenbart wurde. Die Apokalypse schildert dann das Ende, das mit dem sinngebenden Ziel der Geschichte identisch ist. Dazu gehören der Endkampf, das Weltgericht, der Untergang des Bösen, das Reich Gottes. Von Karl Marx wurde dieses teleologische Schema übernommen und säkularisiert, indem er den geoffenbarten Heilsplan der göttlichen Vorsehung durch den innerweltlichen Fortschritt und die Lehre von der Abfolge der Gesellschaftsformationen ersetzte. Ähnlich gründet auch der Mythos der Verschwörung auf dem Glauben, dass die Geschichte nach einem Plan und zielgerichtet verlaufe.[270]

Die Geschichte selbst als Heilsgeschehen entwickelt sich in der permanenten Auseinandersetzung zweier antagonistischer Mächte, wie Gott und Satan, Christen und Antichristen, Ausgebeutete und Ausbeuter. Der Kampf zwischen den göttlichen Mächten des Lichts und den teuflischen Mächten der Finsternis mündet in eine menschheitsgeschichtliche Entscheidungsschlacht, auf die dann das Paradies folgen soll. Diese Vorstellung ist ein zentrales Element der jüdisch-christlichen und der marxistischen Eschatologie und Dämonologie. Dabei geht es um die Erlösung und Heilung der Welt durch Entlarvung, Überwindung und Ausrottung der Agenten des Bösen.[271]

Weiters unterstellen die „Protokolle" – so wie jede Verschwörungstheorie –, dass es einen Zugang zur Wirklichkeit gibt, die aber ihrer Natur nach verborgen ist. Im Verborgenen vollzieht sich aber letztlich das Entscheidende. Die Vorstellung von einer okkulten Macht, einer „unsichtbaren Hand", wirkt in die Welt hinein und steuert das Geschehen. Diese Einsicht ist nicht neu, aber bei Verschwörungstheoretikern weit verbreitet. Manche Forscher sehen darin die „anthropologische Konstante", die allen Verschwörungstheorien zugrunde liegt.[272]

In weiteren Schriften hob Rosenberg – hier anknüpfend – hervor, dass Juden und Freimaurer für das materielle und seelische Chaos verantwortlich wären und dieses verursacht hätten. An der Spitze und hinter den Kulissen der Weltpolitik stünden Juden und Freimaurer. Jene Freimaurer, die die Weltpolitik entscheidend beeinflussten, wären in den Hochgradsystemen tätig, die jüdischen Ursprungs seien. Rosenberg war davon überzeugt, dass in allen Ländern der Welt „Delegierte der Judenschaft" in den Logen säßen und so den „Kitt einer über die ganze Welt verbreiteten Verschwörungsgesellschaft" bildeten.[273]

Der Kommentar Rosenbergs zu den „Protokollen" ist letztlich darauf ausgerichtet, zu zeigen, wie die darin getroffenen Aussagen mit der praktischen Politik der Juden übereinstimmen. Dieser für ihn äußerst bedenklichen Entwicklung setzte er, um die jüdische Weltverschwörung noch rechtzeitig zu verhindern, entgegen: „Deutschland muss voll deutscher Menschen und deutscher Art werden, so voll von sich wie ein Ei. Dann ist für Palästina kein Raum in ihm."[274] Zu jenen, die in den Machenschaften „der Weisen von Zion" die Antwort auf viele unerklärliche Erscheinungen und Abläufe zu erkennen glaubten, gehörte nicht nur Rosenberg, sondern auch Adolf Hitler, der bekannte: „Ich habe mit wahrer Erschütterung die Protokolle der Weisen von Zion gelesen. Die gefährliche Verborgenheit des Feindes, seine Allgegenwärtigkeit."[275]

So richtig Hermann Rauschnings Bemerkung war, dass die „Walze Jude und Freimaurer" den Nationalsozialisten auch dazu diente, von der Masse an Problemen abzulenken und den Kampfwillen der Anhänger wachzuhalten, so kann mit solchen Funktionsbestimmungen der politische und psychologische Wirkungsmechanismus der Verschwörungstheorie nicht ausreichend erfasst werden.[276] Sicher ist, dass der Charakter der Freimaurerei als eines relativ leicht mystifizierbaren Geheimbundes konstitutive Elemente für das Entstehen und für die Wirksamkeit der Verschwörungstheorie aufweist. In diesem komplexen Zusammenhang, der mir noch nicht genügend erforscht erscheint, möchte ich auf einige meiner Thesen verweisen, die in der masonischen Forschung nicht nur Zustimmung gefunden haben.

Nach meiner Auffassung kann man nicht leugnen, dass einige Richtungen innerhalb der Freimaurerei – für mich ist die Freimaurerei ein breites Spektrum von Systemen und Richtungen – bei der Emanzipation des Judentums eine wichtige Rolle spielten, und dass es zwischen Freimaurerei und Liberalismus – wie vorher zwischen Freimaurerei und Aufklärung – Querverbindungen und Wechselwirkungen gab. Darüber hinaus ist es für mich keine Frage, dass die Freimaurerei auch als Organisation viel politischer war, als vielfach angenommen wurde. Dies beginnt schon mit der frühen Aufklärung im 17. Jahrhundert und dann vor allem im 18. Jahrhundert. Die Freimaurerei verurteilte zwar gewaltsame Veränderungen der bestehenden staatlichen und gesellschaftlichen Ordnung, sie akzeptierte aber gleichzeitig nicht jedes bestehende politische System, vor allem dann nicht, wenn es im Gegensatz zu den freimaurerischen Zielen und Bestrebungen stand. Die Freimaurer selbst betonten zwar stets, keine politischen Ziele zu verfolgen, doch waren – wie die Praxis zeigt – zahlreiche Brüder bis in das 20. Jahrhundert herauf immer wieder in einflussreichen politischen und gesellschaftlichen Positionen tätig. Die Grenzen zwischen Logen und Brüdern, die masonische Ideen im profanen Leben umzusetzen versuchten, waren fließend. Es muss daher meiner Ansicht nach der unpolitische Charakter der Freimaurerei, wie er von masonischer Seite hervorgehoben wurde, modifiziert werden – ohne hier selbstverständlich einer übersteigerten und z. T. absurden Verschwörungstheorie das Wort zu reden.[277]

Das Beispiel der jüdisch-freimaurerischen Weltverschwörung verdeutlicht, dass die Verschwörungstheorie ihren Nährboden vor allem in Phasen grundlegender ideologischer und politisch-ökonomischer Verunsicherung hat. Die Komplott-Theorie erfüllt dabei eine rationalisierende Funktion, weil sie betont, alle exis-

Abb. 1: „Der Drahtzieher", Wahlplakat des „Völkischen Blocks" 1924
Abb. 2: Der „teuflische" Zionismus oder „zionistische Teufel"

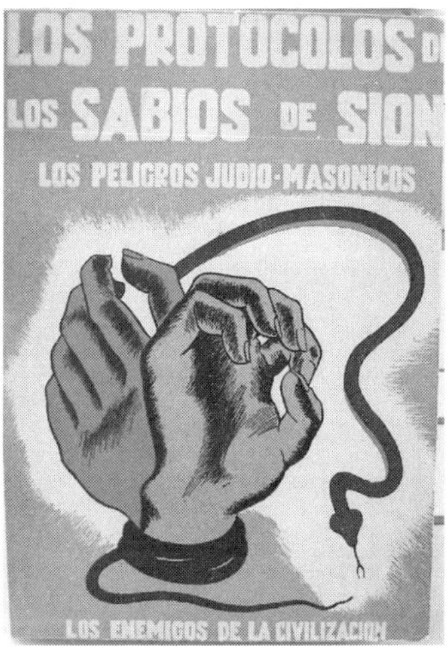

Abb. 3: Die „Protokolle der Weisen von Zion", die französische Ausgabe wird als Reprint seit 1978 auch in den USA vertrieben
Abb. 4: Französische Ausgabe der „Protokolle der Weisen von Zion" 1934
Abb. 5: Spanische Ausgabe der „Protokolle der Weisen von Zion" 1927
Abb. 6: Die „Protokolle der Weisen von Zion" in Brasilien 1937

Abb. 7: Spanische Ausgabe der „Protokolle der Weisen von Zion" 1963
Abb. 8: Schwedische Ausgabe der „Protokolle der Weisen von Zion" 1924
Abb. 9: Ägyptische Ausgabe der „Protokolle der Weisen von Zion" 1976
Abb. 10: Arabische Ausgabe von Henry Ford: „Der Internationale Jude", erschienen in Kairo 2001

tenziellen Ängste mit einfachen Mitteln zu erklären. Sie ist letztlich – wie bereits angedeutet – durch eine interessengeleitete und damit pseudorationale Denkstruktur gekennzeichnet, und sie entspringt einem Bedürfnis nach starker Reduktion der komplexen Realität.[278]

8. Verschwörungstheorien heute

Nach dem Zweiten Weltkrieg wurde in der Forschung die Verschwörungstheorie als fester Bestandteil der nationalsozialistischen Weltanschauung gesehen. Auch in den neofaschistischen Bewegungen und im Rechtsextremismus spielt das Verschwörungsdenken heute eine beträchtliche Rolle. Das zeigt sich im aktuellen Angebot, aber auch im Wiederaufleben der Geheimgesellschaft „Ordo Templi Orientis", im Entstehen neuer ariosophischer Gruppen oder in den Aktivitäten des auch im Internet aktiven Thule-Seminars. Die Versuche, den Nationalsozialismus esoterisch zu erklären, wären ein weiteres Beispiel für diese Tendenzen. Dazu kommen die Verbindungen zu neuheidnischen Bünden, zu den Theosophen und Ariosophen und zu Magiern. Die Konstruktion solcher Verbindungslinien ergibt sich daraus, dass mehrere hochrangige Nationalsozialisten mit okkultem Gedankengut spielten. Die Mythologisierung des Nationalsozialismus und der Person Adolf Hitlers in Teilen des Rechtsextremismus ist deshalb äußerst problematisch, weil sie die nationalsozialistische Ideologie und politische Praxis in Bereiche verdrängt, die sich jenseits des Politischen befinden.[279]

Zu den Geheimgesellschaften, die in der rechtsextremen Szene Bedeutung haben, zählen u. a. die Rosenkreuzer, theosophische und anthroposophische Gesellschaften, arische Zirkel und die Thule-Gesellschaft. Gemeinsam sind diesen Gesellschaften nicht nur eine zunehmende Popularität in rechtsextremen Kreisen, sondern besonders Parallelen und Überschneidungen in den

Ideologien und deren Geschichte wie auch in den praktischen Umsetzungsstrategien. Auch personelle Überschneidungen sind keine Seltenheit.

Das rechtsextreme Weltbild weist verschiedene ideologische Elemente auf: „eine Ideologie der Ungleichheit zwischen den Geschlechtern, zwischen Ethnien und zwischen Nationen als zentrales Kernstück; die im Rahmen einer ‚biologistischen Weltanschauung' argumentierende pseudowissenschaftliche Fundierung politischer Positionen, die alle erwünschten gesellschaftlichen Zustände für ‚natürlich' erklärt und sich häufig wissenschaftlicher Versatzstücke aus der Soziobiologie und der Ethologie bzw. Verhaltensforschung bedient; ein auf das Volksgemeinschaftskonzept gestützter biologistisch-rassistischer Nationalismus; der Gruppenhass auf Juden/Jüdinnen, Ausländer/Ausländerinnen, Minderheiten etc., die als Feindbilder und Sündenböcke für gesellschaftlich und ökonomisch begründete Ängste dienen; die unter den Leitbegriffen ‚Volk' und ‚Volksgemeinschaft' subsumierte antimoderne Utopie einer organisch aufgebauten, harmonisierten und Geborgenheit bietenden Gemeinschaft (meist mit patriarchal-hierarchischen Strukturen)."[280] Diese idealtypische Form rechtsextremer Ideologie weisen die einzelnen rechtsextremen Gruppen in unterschiedlichen Ausprägungen auf, wobei sich traditionelle Inhalte häufig hinter neuen Begriffen und Argumentationsmustern verstecken. In diesem Sinne finden sich auch in der New-Age-Bewegung rechtsextreme Inhalte. Die Ablehnung der Aufklärung und die Bekämpfung der aus ihr resultierenden philosophischen und politischen Konzepte werden in der New-Age-Bewegung als eine vorgeblich „natürliche Ordnung" propagiert, die dem Plan des Universums entspreche, den Lauf der Geschichte regle und die Vorsehung sozialer Hierarchien und Machtverhältnisse sowie ökonomische Krisen bestimme. „Im New Age wird [...] der verkürzte Schluss gezogen, auf die Entstellung von Vernunft und Rationalität, die eigentlich zur Irrationalität degradiert wurde, abermals mit Irrationalität zu antworten."[281] Die Berufung auf Naturgesetzlichkeiten verbindet sich in diesen Konzepten sehr oft mit mystisch-mythischer Naturmetaphorik. Diese Bezugnahme auf die Natur findet sich auch in Büchern von Physikern und Philosophen, die esoterische Ideologien mit rechtsextremen, ökofaschistischen Denkmustern verknüpfen. Die verschiedenen biologistischen Denkmuster, die mit Natur und völkischer Kultur verbunden werden, erweisen sich als geeignetes Bindeglied zwischen öko-spirituellen und rechtsextremen Vorstellungen.

Eindeutige verschwörungstheoretische Auffassungen existierten in der Nachkriegszeit bei den Anhängern der Ludendorff-Bewegung. So bildete sich um Mathias Ludendorff ein „Bund für Gotterkenntnis", der im organisationseigenen Verlag „Hohe Warte" Bücher und Zeitschriften veröffentlichte. Dazu zählte auch eine Neuausgabe von Erich Ludendorffs Schrift „Vernichtung der Freimaurerei durch Enthüllung ihrer Geheimnisse", die 1961 aufgrund antisemitischer Äußerungen und wegen Volksverhetzung beschlagnahmt wurde.[282] Trotzdem propagierten die Anhänger der Ludendorff-Bewegung weiterhin Vorstellungen von einer Verschwörung der Juden und Freimaurer. So wirkte ein Anhänger dieser Bewegung, der Verleger Roland Bohlinger, über seinen „Verlag für ganzheitliche Forschung und Kultur" für die Verbreitung des angeblich konspirativen Wirkens der Freimaurer, indem er zahlreiche verschwörungstheoretische Veröffentlichungen aus der Zeit zwischen 1918 und 1945 als Reprint für angebliche Forschungsziele herausgab.[283] Unabhängig von der Agitation rechtsextremer Organisationen erschienen auch in anderen Verlagen einschlägige verschwörungstheoretische Publikationen, die in Wolfgang Bittners Buch „Satans verschworene Brüder. Angriffe und Antithesen gegen die Deutsche Freimaurerei 1970–2000" verzeichnet sind.[284]

Andere Veröffentlichungen vermischten christlich-fundamentalistische mit einer rechtsextremistisch-verschwörungsideologischen Richtung, wie z. B. die dreiteilige Buchreihe des Paters des

Missionsordens „Vom heiligen Johannes dem Täufer" Manfred Adler: „Die Söhne der Finsternis", „Die geplante Weltregierung" und „Weltmacht Zionismus". Eine weitere Publikation trägt den Titel „Die antichristliche Revolution der Freimaurerei", in der der Verfasser den Freimaurern vorwirft, das Christentum zu bekämpfen und die Erlangung der Weltherrschaft anzustreben. In Presseberichten wird darauf hingewiesen, dass von diesen Veröffentlichungen ca. 15.000 Exemplare gedruckt wurden.[285] Der Verlag „Pro Fide Catholica" brachte Bücher von Johannes Rothkranz mit folgenden Titeln heraus: „Die kommende Diktatur der Humanität oder die Herrschaft des Antichristen" und „Freimaurersignale in der Presse".[286]

Seit Mitte der neunziger Jahre des 20. Jahrhunderts erschienen zahlreiche Bücher, in denen einerseits die traditionellen verschwörungsideologischen Auffassungen verbreitet und andererseits diese mit esoterisch beeinflussten Behauptungen vermischt wurden. Die damit verbundenen Unterstellungen vom konspirativen Wirken der Juden und Freimaurer kamen nicht nur aus dem organisierten Rechtsextremismus, sondern auch relativ eigenständig aus dem esoterischen Milieu. Das in diesem Zusammenhang wichtigste Buch von Jan van Helsing (Jan Udo Holey) erschien 1995 unter dem Titel „Geheimgesellschaften und ihre Macht im 20. Jahrhundert oder Wie man die Welt nicht regiert. Ein Wegweiser durch die Verstrickungen von Logentum mit Hochfinanz und Politik".[287] Darin stellt der Autor eine bereits seit Jahrtausenden existente weltweite Verschwörung einer nicht näher definierten Gruppe von „Illuminati" fest. Helsing unterstellt diesen Illuminaten, sie hätten durch geheimes Wirken Kriege und Revolutionen initiiert, um ihre „Eine-Welt-Regierung" zu errichten. Der problematische Autor ergänzte diese Verschwörungstheorie noch durch eine abstruse Variante, die sich auf die Existenz von Außerirdischen und Ufos bezieht.[288] Die Anhänger des modernen Ufo-Glaubens entwickelten Verschwörungstheorien, die von regional beschränkten Verdächtigungen bis zu weltumspannenden Denkgebäuden reichen. Von Anfang an waren die Spekulationen über Außerirdische und deren Wirken auf Erden mit diffusen Verschwörungsideen verbunden. Die Konfrontation zwischen den Kirchen und den Ufologen mit ihren Thesen führte zu gegenseitigen Verdächtigungen, wobei die Ufologen verschiedentlich auch als Satanisten denunziert und die Kirchenvertreter als angebliche Vertuscher bezeichnet wurden. Jan van Helsing gilt als ein Vampirjäger auf den Spuren von Ufos und Aliens.[289] Bezüglich der „Illuminati" betont er, diese gehörten keiner besonderen ethnischen oder religiösen Vereinigung an, und er erwähnt nichts Konkretes über ihre Zusammensetzung. In anderen Kontexten hob er allerdings die angebliche Zugehörigkeit dieser Verschwörer zum Judentum hervor, das jüdische Bankhaus Rothschild hätte sich auf die „Protokolle der Weisen von Zion" gestützt. Das Buch soll sich über 100.000-mal verkauft haben, was für ein Sachbuch aus einem kleinen Verlag einen beeindruckenden Erfolg darstellt, obwohl die antisemitischen Äußerungen des Verfassers zu einer Anordnung des Amtsgerichts Mannheim 1996 führten, die Publikation wegen Volksverhetzung zu beschlagnahmen.[290]

Heute treten vor allem Geheimagenten und Geheimdienste stärker in das Zentrum angeblich konspirativen Handelns und von Verschwörungstheorien. Diese Variante des Verschwörungsdenkens bezieht sich auf eine Gruppe vermeintlicher Verschwörer, denen von ihrer Tätigkeit her verdecktes Agieren eigen ist. Die Geschichte verschwörerischen Wirkens von Geheimdiensten, denen mitunter die Vorbereitung und Durchführung von Attentaten oder Staatsstreichen zugeschrieben wird, kennt zahlreiche Beispiele.

Im Zusammenhang mit der Herausbildung eines neokonservativen Netzwerkes, das auf den amerikanischen Präsidenten Bush jun. großen politischen Einfluss ausübte und ein Nebenprodukt des „Kalten Krieges" war, entstand eine weitere Verschwörungstheorie. Dieses Netzwerk bildete gleichsam eine Denkfabrik in Washington, die nach 1970 gegründet wurde. Ihre Idee bestand darin, dass die USA politisch aktiver werden müsse, insbesondere in der Außenpolitik, um ihre Führungsrolle in der Welt zu behaupten. Die Neokonservativen waren nämlich nach wie vor der Meinung, dass die UdSSR aufgrund ihrer totalitären Strukturen ein Feind der USA bleiben werde. Kissingers Vorstellung, die USA könnten trotz aller Gegensätze mit der UdSSR zusammenarbeiten, hielten die Neokonservativen für ein Wunschdenken. Die Verschwörungstheorie ging in Richtung einer verzerrten Darstellung des Bildes der Sowjetunion, die ein militärisches Übergewicht erlangen könnte und damit eine große Gefahr für die USA darstelle. Geheimdienstliche Informationen sollten diese Theorie beweisen. Ermittelt wurde mit verdeckten Methoden, die angeblichen Enthüllungen liefen darauf hinaus, dass die Sowjetunion schon seit längerer Zeit eine weltweite Täuschungsstrategie verfolge, um ihren Gegnern militärische Schwäche vorzuspielen. Dazu gehörte auch eine gezielte Desinformationspolitik.[291]

Eine der jüngsten Verschwörungstheorien betrifft den Mythos vom 11. September 2001.[292] Die Terroranschläge in New York und Washington töteten fast 3000 Menschen. Terroristen steuerten zwei Flugzeuge in die Twin Towers in New York und eines in das Pentagon in Washington. Ein viertes entführtes Flugzeug mit Kurs auf Washington stürzte in Pennsylvania ab. Die Türme des World Trade Centers brachen kurze Zeit nach dem Anschlag in sich zusammen, sodass ein Teil von Manhattan unter Schutt und Asche begraben lag. Das Unvorstellbare war Realität geworden und Amerika war tief getroffen. FBI und CIA haben offenbar versagt, die Hintergründe und Ereignisse müssen allerdings noch präziser aufgeklärt werden. Die vielen Widersprüche, die sich in den Schlussfolgerungen aus den Terroranschlägen ergaben, boten Anlass zu Verschwörungstheorien. So gab die Regierung Bush vor, über die bevorstehende Terrorgefahr nichts gewusst zu haben, veröffentlichte aber trotzdem sehr rasch die Namen der angeblich 19 Täter mit Steckbriefen und benannte die Drahtzieher Osama Bin Laden und Al Kaida, Saddam Hussein und den Irak. Genauso schnell verkündete der amerikanische Präsident seine politische Strategie gegen die „Mächte des Bösen". Schon bald nach 9/11 stellte sich heraus, dass die Administration in Washington bereits früher mehr gewusst hatte, als sie nachher behauptete. Die Terroristen des 11. September waren durchaus in der Lage, die zivile und militärische Überwachung des amerikanischen Kontinents scheinbar ohne große Anstrengungen zu überlisten. Immerhin ist es ihnen innerhalb einer Stunde gelungen, vier große Verkehrsflugzeuge in ihre Gewalt zu bekommen und mit mangelhaften fliegerischen Voraussetzungen bei hoher Geschwindigkeit in die vorgesehenen Ziele zu steuern. Von Anfang an stießen die amtlichen Erklärungen auf große Skepsis, wie auch die täglich wiederholte Botschaft von den 19 muslimischen, in der Mehrheit saudiarabischen Tätern und deren Kontakten zu der globalen Terror-Basis Al Kaida unter der Führung ihres Cheforganisators Osama Bin Laden.[293]

Die Anschläge sind trotz zahlreicher Bemühungen bis heute nicht aufgeklärt. Viele Details sind noch offen und nicht hinreichend recherchiert oder können nur sehr schwer erklärt werden. Die Einsetzung eines parlamentarischen Untersuchungsausschusses scheiterte am Widerstand der amerikanischen Administration. Mit dem ganzen Komplex der Ereignisse durften sich nur die Geheimdienstausschüsse beschäftigen. Im Zuge der Erklärungen der amerikanischen Regierung traten viele Ungereimtheiten zutage, die damit verbundenen Fragen sind jedoch bis heute nicht umfassend beantwortet worden. Ein Großteil der wichtigsten Beweismittel, die für eine sachkundige Aufklärung notwendig gewesen wären, wurde in der Zwischenzeit beseitigt, sodass die amtliche Darstellung einer muslimischen Verschwörung zunehmend in Frage gestellt wurde. Die Vorgeschichte und die Tat des 11.09. können ohne Unterstützung aus den Apparaten des FBI, der CIA, der NSA oder des Mossad in ihren Einzelheiten nicht angemessen aufgeklärt werden. Die Zweifel an der offiziellen Version der amerikanischen Regierung und ihrer Darstellung der Ereignisse sowie die daraus abgeleiteten politischen wie militärischen Strategien eines „Weltkrieges“ erscheinen unter den erwähnten Bedingungen nicht unberechtigt. Die strategischen Überlegungen der amerikanischen Regierung könnten nämlich das Überleben von Demokratie, Rechtsstaat und globalem Frieden gefährden.[294]

Zeigte sich die Regierung Bush in der Verhinderung der Terroranschläge ziemlich hilflos, zumal Warnungen aus den eigenen Reihen abgeblockt und die spätere Aufklärung behindert wurden, so war sie in der Nutzung der Gunst der Stunde recht erfolgreich, weil sie die Terror-Anschläge vom 11.09. sehr rasch in ihre weltpolitische Strategie einbaute. Die militärische Intervention in Afghanistan hat die USA den Regierungen Indiens und Pakistans schon vor dem 11.09. mitgeteilt. Nach dem 11.09. spielte die Verfolgung des Terroristenführers Osama Bin Laden und die Vertreibung der ihn unterstützenden Taliban-Regierung als Rechtfertigung des Kriegseinsatzes amerikanischer und alliierter Truppen eine wesentliche Rolle. Auch der Krieg gegen den Irak war schon vor dem 11.09. konkret ins Auge gefasst worden. Als Vorwand wurde nun behauptet, dass Saddam Hussein Al Kaida und Osama Bin Laden Hilfestellung gewährte, Beweise dafür konnten aber nicht vorgelegt werden oder waren bewusst gefälscht. Die geopolitische Stoßrichtung in die Staaten der muslimischen Welt erfolgte nach dem 11. September parallel mit dem Versuch, die alte afghanisch-muslimische Söldnerschar in neuer Verwendung nicht mehr als Helden und Freiheitskämpfer zu sehen, sondern als Verkörperung des Bösen.

Die lange Kette der Ungereimtheiten des 11.09.2001 und die Darstellung der Terror-Anschläge und seiner Hintergründe führten nicht nur dazu, die offizielle Verschwörungstheorie kritisch in Frage zu stellen, sondern auch Erklärungsmuster zu berücksichtigen, die den Täterkreis auf den Umkreis von Geheimdiensten einschränken. Ob eine solche Verschwörungstheorie überzeugender ist als die muslimische, bleibt dahingestellt. Auch hier fehlen überzeugende Beweise. Der mit dem Hinweis, dass es auch die Tat einer Geheimdienststruktur gewesen sein könnte, verbundene Vorwurf, eigene Leute geopfert zu haben, wäre in der Tat ungeheuerlich und nur schwer vorstellbar. Allerdings waren Kriege in der Geschichte öfter mit Lügen und Täuschungen der beteiligten Geheimdienste und Regierungen engstens verbunden und die kriegsinteressierte politische Elite pflegte immer nachzuhelfen. Der 11.09. ist auch als ein Akt der psychologischen Kriegführung bezeichnet worden, langfristig vorbereitet von einer Aktionsgruppe aus dem Geheimdienstbereich.[295]

Bis heute liegt kein amtlicher Zwischenbericht der Bush-Administration über die Ereignisse vor. Ein zweiter Anlauf einer von der Regierung eingesetzten Kommission ist nach vielen Schwierigkeiten zwar gelungen, hat aber keine Ergebnisse gebracht. Die Spur der 19 muslimischen Selbstmordattentäter ist zwar deutlich, bei genauerer Betrachtung einzelner wichtiger Details fällt sie jedoch weitgehend in sich zusammen. Eine Aufklärung der vielen Widersprüche und Ungereimtheiten fand bis heute nicht statt. Dies gilt auch für die 19 Personen. Die damit verbundene Verschwörungstheorie basiert auf der Unwilligkeit, die tatsächlichen Hintergründe der Terroranschläge ohne Rücksichtnahme auf wichtige Funktionen der Personen aufzuklären, auf der Geheimhaltung, auf der Beseitigung der erforderlichen Beweismittel, auf Vorwürfen des fehlenden Patriotismus und des Antiamerikanismus gegenüber den Zweiflern.

Eine andere Verschwörungstheorie geht von der These aus, der 11. September sei der „Eröffnungszug zu einem Dritten Weltkrieg" gewesen, der vorwiegend verdeckt geführt werde.[296] Im Gegensatz zu früheren Kriegen wäre nun das Neue, dass die Krieg führenden Parteien heute nur noch zum Teil offen auftreten und sich unter einem konkreten Markenzeichen mit realem Hintergrund bekämpfen, wie z. B. Al Kaida. Diese Form des Krieges führt die Auseinandersetzungen nicht nur nach außen, sondern auch nach innen, nicht nur gegen eine fremde, sondern auch gegen die eigene Bevölkerung. Solche Kriege sind sehr stark mit Lügen verbunden. Der 11. September scheint ein konkretes Beispiel für diese neue Kriegführung zu sein. Die auf diesen Behauptungen aufgebaute Verschwörungstheorie wird als Spurensuche nach den Hintergründen des 11. September beschrieben, um der Wahrheit ein Stück näher zu kommen. In diesem Zusammenhang werden die Attentate vom 11.09.2001 nicht als geschichtliches Ereignis gewertet, sondern als Mythos eingestuft, bei dem Widersprüche keine Rolle spielen. Dass solche Verschwörungstheorien auch Elemente des politischen Wahns beinhalten, eine Form der Psychopathologie, ist evident. Das Bedürfnis nach Feinden weist, wie bereits erwähnt, biologische und sozialpsychologische Wurzeln auf, wobei der Weg vom individuellen Wahn zur Gruppenparanoia nicht allzu weit ist.[297]

Auch im Nahen Osten wurden in den letzten Jahrzehnten verschiedene Verschwörungstheorien entwickelt. Eine Theorie geht davon aus, Präsident Bush und Saddam Hussein hätten die geheime Vereinbarung geschlossen, scheinbar einen gewaltsamen Zusammenstoß zu provozieren mit dem Ziel, im letzten Augenblick eine Einigung zu erzielen und das Öl des Nahen Ostens unter sich aufzuteilen.[298] Als sich Israel gegen die Übermacht der arabischen Staaten behaupten konnte, kamen von arabischer Seite Verschwörungstheorien auf, die die Schuldigen für die Demütigung der Araber in den westlichen Schutzmächten Israels identifizierten. Diese und die Juden hätten sich gegen die arabische und die gesamte islamische Welt verschworen. In den späten achtziger Jahren des 20. Jahrhunderts entstanden mehrere sich widersprechende Verschwörungstheorien, nachdem in Oberägypten auf den Schleiern von muslimischen Mädchen ein Zeichen entdeckt wurde, das die Form eines Kreuzes aufwies. In einer Zeitung in Kairo wurde darüber berichtet: „Einige sagten, Christen hätten die Kleider der verschleierten Frauen mit einer Chemikalie behandelt, und dieses Material nähme die Form eines kleinen Kreuzes, nicht größer als eine Ameise, an; sobald der Stoff feucht werde, wüchse das Kreuz auf etwa 3 Zentimeter. Andere boten eine abweichende Interpretation, der zufolge der Stoff der Kopfbedeckung aus Israel importiert worden sei, wo man ihn mit wissenschaftlichen Methoden so präpariert hätte, dass er ein Kreuz bilde, um so Zwietracht zwischen Moslems und Christen zu säen."[299]

Im Nahen Osten werden Verschwörungstheorien eingesetzt, „um zu erklären, dass nicht die Araber an ihrer Rückständigkeit schuld seien, sondern feindliche ausländische Mächte".[300] Um den Panarabismus zu forcieren, erfand Ägyptens Präsident Gamal Abdel Nasser ein imperialistisches Komplott gegen den Nahen Osten, das er auf die Kreuzzüge zurückführte. Die Imperialisten, so argumentierte er, hätten sich der Kreuzzüge bedient, „um uns zu erniedrigen, unseren Besitz und unser Land zu stehlen [...] die Saat der Korruption und der Zwietracht zwischen uns zu säen und die Fundamente unserer nationalen Identität zu untergraben. Sie wollen uns mundtot machen, damit wir uns nicht mehr an unsere ruhmreiche Vergangenheit erinnern [...] sie wollen sich unserer Köpfe und unserer Welt bemächtigen."[301] Eine noch kompliziertere Theorie stellte ein Botschafter der Vereinigten Arabischen Emirate in England auf, nach der sich Engländer und Juden gegen die Moslems verschworen hätten, in Wirklichkeit hätten aber die Engländer mit den Juden ein eigenes Spiel getrieben. Israel sei eine Erfindung der Briten, der Staat aus der Angst heraus gegründet worden, dass die Juden die Herrschaft über England ausüben könnten. Daher hätten die Briten den Juden die Idee gegeben, einen eigenen Staat zu gründen und aufzubauen.[302] Eine andere Verschwörungstheorie besagt, dass es anstelle einer britisch-zionistischen oder amerikanisch-zionistischen Verschwörung eine kommunistisch-zionistische Achse gebe, die das Ziel verfolge, zwischen Arabern und Amerikanern eine Spaltung zu bewirken. Auch zum moralischen Verfall der islamischen Gesellschaft wurden Komplott-Theorien entwickelt, wie z. B. die Verbindung des Darwinismus mit einer jüdischen

Verschwörung, um islamische Frauen zur Unkeuschheit zu verleiten.[303]

Verschiedene Verschwörungstheorien finden sich auch in den nicht arabischen Gebieten des Nahen Ostens. So wurde dem amerikanischen Geheimdienst die Schuld am permanenten Verkehrschaos in Teheran gegeben. Dem CIA wurde vorgeworfen, Konflikte zwischen Straßenhändlern und Geschäftsbesitzern zu forcieren. Die Anfälligkeit der Iraner für Verschwörungstheorien ist weit verbreitet und wird von den religiösen Führern des Landes politisch geschickt gehandhabt. Die iranische Verfassung spricht zweimal von Verschwörung. In ihrer Präambel wird die Weiße Revolution des Schahs als „amerikanisches Komplott" bezeichnet, an anderer Stelle wird behauptet, dass die Rechte der Nicht-Moslems garantiert würden, wenn sie „sich nicht in Verschwörungen gegen die Islamische Republik des Iran verwickeln lassen".[304] Kennzeichnend für alle diese Verschwörungstheorien ist ein wichtiges psychologisches Motiv, dass sie nämlich als Gegenkraft für das zersetzende Gefühl der Machtlosigkeit stehen.

Freimaurerfeindliche Schriften, die den Logen mit den Juden eine Verschwörung zur Beherrschung der Welt unterstellten, stammten meist aus klerikalen, monarchistischen, nationalsozialistischen, rechtsradikalen oder völkischen Kreisen. Mittlerweile finden sich derartige Behauptungen auch in der islamisch geprägten Welt. Dabei gelten die Freimaurerlogen lediglich als Helfer oder Marionetten der Juden im Sinne einer „jüdisch-freimaurerischen Verschwörung". Ein Beispiel dafür ist die von Muhammad Safwat al-Saqqa Amini und Sa'di Abu Habib verfasste Schrift „Freimaurerei"[305], die als Geschenk vom Bund der Islamischen Welt mit Sitz in Saudi-Arabien verbreitet wurde. Diese Organisation vertritt einen saudisch geprägten Islamismus, unterstützt ähnliche politische Gruppierungen in zahlreichen Ländern und wirbt propagandistisch in verschiedenen Formen. Mit Büchern, Konferenzen und Rundfunksendungen wird auf die Existenz einer gefährlichen Verschwörung hingewiesen, mit der die Feinde des Islam die Muslime von ihrer Religion abbringen und ihre Einheit und enge Verbundenheit zerstören wollen. Diesem Ziel dient auch die erwähnte Schrift über die Freimaurerei. Bereits im Vorwort wird eine Krise der islamischen Welt festgestellt, weil deren Situation schmerzlich wäre. Es komme darauf an, das Bewusstsein und die Achtsamkeit unter den Muslimen zu fördern, um die Samen auszugraben, die von sündigen Händen gepflanzt worden wären. „Einer dieser Samen ist die Freimaurerei, die von vielen herausragenden Persönlichkeiten der islamischen Welt angenommen worden ist, weil sie einen Schleier trägt, gewoben aus Menschlichkeit, Brüderlichkeit, Zusammenarbeit, Freiheit und einer bestechenden Tugend, womit sie ihr satanisches Gesicht und das Gift, den Unglauben und die Ketzerei, die sie ausstrahlt, verhüllt."[306] Mit Gottes Hilfe will die Schrift freimaurerische Geheimnisse aufdecken, um so dem muslimischen Leser die wahre Gestalt der Freimaurerei und deren von „Verschwörungen geprägtes Wirken im Sinne einer wissenschaftlichen Methode" aufzuzeigen.[307] Auch wenn sich die Schrift vom Titel her mit der Freimaurerei auseinandersetzt, sieht sie in den Logen keine eigenständig agierende Bewegung, sondern vielmehr ein Instrument der Juden. „Es ist bewiesen, dass die Riten der Freimaurerei, ihre Symbole und Geheimnisse, jüdischen talmudischen Ursprungs sind […] Die Ziele der Freimaurerei sind die Ziele des Weltjudentums, die Verherrlichung des auserwählten Volkes, die Verwirklichung seiner Herrschaft über die Welt und die Gründung des Staates Israel."[308] Die Erklärungen über Freimaurerei basieren auf deren Aussagen, inhaltlich neu sind die starken Bezüge auf die arabische bzw. islamische Welt. Sie dienen den Autoren im Zusammenhang mit ihrer islamisch geprägten Propaganda dazu, stärker auf die Zielgruppe der Muslime einzugehen.

Die Ermordung des amerikanischen Präsidenten John F. Kennedy hat nicht nur in den USA eine Flut von Verschwörungstheorien hervorgebracht, insbesondere in Filmen, Fernsehdokumentationen, Büchern und Aufsätzen. Das Beispiel zeigt sehr deutlich, wie das paranoide Thema die erzählerische Kraft und den kommerziellen Wert steigert.[309] Auch wenn sehr fragwürdig ist, ob das Attentat auf den Präsidenten wirklich Teil einer Verschwörung war, übte der Mord an Kennedy 1963 für Verschwörungstheoretiker eine starke Anziehungskraft aus. Diese waren so erfolgreich, dass ihre Behauptungen über die Hintergründe der Tat in Meinungsumfragen aufschlussreiche Ergebnisse erzielten: Zwei Drittel der amerikanischen Bevölkerung waren der Meinung, es habe sich um eine Verschwörung gehandelt; noch 1991 wurde diese Auffassung von 56 Prozent bestätigt.[310]

Verschiedene Verschwörungstheorien entstanden im Zusammenhang mit der Frage, wodurch sich die Unterstützung der USA für Israel erkläre. Eine Antwort darauf war: durch das Wirken der „Israel-Lobby“. John J. Mearsheimer und Stephen M. Walt untersuchten in einem Buch mit dem Titel „Die Israel-Lobby. Wie die amerikanische Außenpolitik beeinflusst wird“[311] diese Problematik. Zunächst verweisen die beiden Autoren auf das hohe Ausmaß der US-Unterstützung für den Staat Israel. Dabei kritisieren sie die moralischen und strategischen Begründungen für diese Vorgehensweise, schade diese Hilfe doch den Interessen der USA und Israels. Die sogenannte „Israel-Lobby“ sei aus einem losen Bündnis von Einzelpersonen und Organisationen entstanden und könne nicht als eine geschlossene Bewegung angesehen werden.[312] Dessen besondere Effizienz ermögliche aber die Steuerung des politischen Prozesses in der Nahost-Politik und die Beherrschung des öffentlichen Diskurses über Israel. Die Aktivitäten der Lobby hinsichtlich der US-Außenpolitik und ihres Verhältnisses zu den Palästinensern, zum Iran und zu Syrien sowie die Ursachen für den Irak-Krieg werden ausführlich beschrieben, wie auch die Unterstützung Israels im zweiten Libanon-Krieg. In diesem Zusammenhang, behaupten die Autoren, hätten die USA einen anderen Kurs eingeschlagen, wenn nicht die Lobby so mächtig und einflussreich gewesen wäre. Der wirkliche Grund für die amerikanische Israel-Politik wäre die politische Macht der

Israel-Lobby, die das Ziel verfolge, die amerikanische Außenpolitik in eine pro-israelische Richtung zu bewegen. Diese These ist als ein antisemitisches Verschwörungspamphlet bezeichnet worden, was sich aber vom Text des Buches her nicht eindeutig beweisen lässt, zumal die beiden Autoren keine Abneigung gegen Juden erkennen lassen. Sie verdeutlichen sogar, dass die Angehörigen der Israel-Lobby für ihre Positionen unter den mehrheitlich liberalen amerikanischen Juden keine Zustimmung erhielten. Auch der Vorwurf einer verschwörungsideologischen Argumentation scheint nicht überzeugend, weil sie offen und auf dieselbe Weise wie andere Interessengruppen in den USA operieren. „Detaillierter zeigen wir [die Autoren] auch israelische Handlungsweisen in Vergangenheit und Gegenwart, insbesondere gegenüber den Palästinensern. Wir tun das nicht aus Abneigung gegenüber Israel oder seinen Unterstützern in den USA oder weil es uns besonders wichtig ist, israelisches Fehlverhalten anzuprangern. Eher wenden wir uns diesem Thema zu, weil es zentral für einige der moralischen Argumentationen ist, mit denen häufig das außergewöhnliche Maß an US-amerikanischer Unterstützung für den jüdischen Staat gerechtfertigt wird. Mit anderen Worten: Wir richten den Fokus auf Israels Verhalten, weil die Vereinigten Staaten in ungewöhnlichem Maße ihre Hilfe auf Israel fokussieren."[313]

Aus der Fülle verschiedenster Verschwörungstheorien unserer Gegenwart konnten hier nur einige wichtige Beispiele ausgewählt werden. Für die Kontinuität und Aktualität des Verschwörungsdenkens sind sie jedoch weitgehend repräsentativ.

V. Zusammenfassung: 26 Thesen

Aus den zahlreichen unterschiedlichen Verschwörungstheorien lassen sich als Thesen ableiten:

1. Verschwörungstheorien sind Annahmen bzw. Hypothesen über reale oder fiktive (unbewiesene) Verschwörungen, wobei im Verschwörungsdenken meist die fiktiven überwiegen.

2. Verschwörungstheoretiker neigen sehr stark dazu, alles „Böse" in der Welt letztlich auf Verschwörungen zurückzuführen. Dabei handelt es sich um eine „anthropologische Konstante" in verschiedenen historischen Varianten.

3. Grundvoraussetzung des ideologisch akzentuierten Komplott-Denkens ist die moralische Verabsolutierung einer gegebenen konkreten Sozialordnung.

4. Verschwörungstheorien gehen meist von einem antiliberalen Weltbild aus, das den sozialen Wandel der politischen und gesellschaftlichen Ordnung und die Infragestellung überkommener Erwartungshaltungen als illegitimes und böswilliges Werk dämonisierter Minderheiten hinstellt.

5. Hinter den Verschwörungstheorien verbirgt sich die Vorstellung, dass geheime Drahtzieher am Werk sind, die die Politik gestalten und bestimmen. Die Welt wird von konspirativen Gruppen gelenkt und gesteuert.

6. Verschwörungstheorien haben meist Konjunktur in tief greifenden Umbruchs- und Krisenzeiten, die das Gefühl von Unsicherheit und Angst hervorrufen. In diesem Zusammenhang

setzt oft die Suche nach „Sündenböcken“ ein. Juden, Illuminaten, Freimaurer, Jesuiten, Liberale, Sozialisten und Kommunisten mussten dafür herhalten. Sie bildeten das ideologische, organisatorische und soziale Substrat der Verschwörungstheorien.

7. Neben der „rechten“, konservativen Verschwörungstheorie gab es auch eine „linke“ These, die auf rosenkreuzerische Ursprünge zurückging und im Kern behauptete, dass geheime Gesellschaften den Katholizismus ausbreiteten, wobei eine pathologische Jesuitenfurcht eine maßgebliche Rolle spielte.

8. Die Tatsache, dass die rechte Verschwörungstheorie von einem ständisch-hierarchischen Standpunkt aus Fundamentalkritik am Gleichheitsprinzip übte, erklärt den Sachverhalt, dass sie sowohl von Vertretern des Ancien Régime als auch von antiliberalen Kräften des Rechtsradikalismus in Anspruch genommen werden konnte.

9. Verschwörungstheorien entwerfen in der Regel ein antimodernistisches Feindbild, das in Gegnerschaft zueinander stehende Konservative und Nationalsozialisten (Faschisten) zu gemeinsamer Frontstellung gegen Liberalismus, Demokratismus, Sozialismus und Kommunismus verband.

10. In der Forschung wird begrifflich zwischen Verschwörung, Verschwörungshypothese, Verschwörungsideologie, Verschwörungsmythos und Verschwörungstheorie unterschieden, wenngleich es auch viele Gemeinsamkeiten und Überschneidungen gibt.

11. Es gibt verschiedene Varianten (Typen) des Verschwörungsdenkens, wie z. B. die Verschwörung der Templer, die Verschwörung der Aufklärer und Philosophen, die Verschwörung der Jakobiner, die Verschwörung der Illuminaten und

Freimaurer, die Verschwörung der Jesuiten, die Verschwörung der Carbonari, die Verschwörung der Sozialisten und Kommunisten, die Verschwörung der Juden u. a. m. Aus der Sicht der Verschwörungstheoretiker handelt es sich dabei um dämonisierte Minderheiten, die im Verborgenen wirken.

12. Verschwörungstheorien erfüllen verschiedene Funktionen wie die Identitätsfunktion, die Erkenntnisfunktion, die Manipulationsfunktion und die Legitimationsfunktion. Sie alle dienen der Rechtfertigung von Herrschafts-, Unterdrückungs- und Vernichtungsmaßnahmen.

13. Man unterscheidet psychologische (Angst), soziale und politische Faktoren als Ursachen für die Akzeptanz von Verschwörungstheorien. Alle diese Faktoren müssen zudem in einem engen Wechselverhältnis gesehen werden.

14. Die Verschwörungstheorie wird als monokausale und stereotype Ideologie erklärt. Sie weist auch einen stark ausgeprägten Mythoscharakter auf.

15. Verschwörungstheorien erfüllen eine rationalisierende Funktion, indem sie vortäuschen, für alle existenziellen Probleme eine einfache Erklärung zu haben. Verschwörungstheorien gehen daher immer von einer starken Reduktion der Komplexität aus.

16. Verschwörungstheorien sind durch eine interessengeleitete und pseudorationale Denkstruktur gekennzeichnet und üben wegen ihrer wahnhaften Übersteigerungen eine gefährliche Orientierungsfunktion aus.

17. Nicht alle Verschwörungstheoretiker sind Opfer eines Wahns. Unter ihnen gibt es neben naiven und fanatischen, fundamentalistischen „Gläubigen“ auch skrupellose Machtmenschen und Machttechniker, die die Ressentiments und Ängste der Menschen gezielt verstärken und manipulieren.

18. Verschwörungstheoretiker leben oft in einer eingebildeten Welt der Gefahren. Ausdruck ihrer Paranoia sind Misstrauen, Selbstbezogenheit, Feindseligkeit, Furcht vor Autonomieverlust, Projektion und Wahnideen. Wir finden sie bei ihnen unterschiedlich ausgeprägt.

19. Bei der Verschwörungstheorie handelt es sich nicht um ein unparteiisches Erkenntnisinstrument, sondern um ein der Feindbestimmung dienendes ideologisch-politisches Werkzeug.

20. Da die Verschwörungstheorie zur Voraussetzung hat, dass eine Gruppe die große Mehrheit manipulieren und den Geschichtsverlauf in entscheidender Weise beeinflussen kann, werden dieser Minderheit übermenschliche Fähigkeiten angedichtet, wobei die schon fast pathologische Züge tragenden Angstvisionen vom drohenden Umsturz der Ordnung in eine Dämonisierung dieser Gruppe ausarten.

21. Verschwörungstheorien konstruieren häufig auf der Grundlage von fantastischen Fiktionen eine Meta-Welt, in der Tatsachen von Erfindungen nicht mehr scharf getrennt sind. Die Fiktionen werden zu einer subjektiven Wirklichkeit im Verschwörungsdenken.

22. Im Verschwörungsdenken spielt die christlich-mittelalterliche Dämonologie eine zentrale Rolle. Unter Herabsetzung moralischer Hemmschwellen soll die Hoffnung geweckt werden, durch gezielte Ausschaltung der „bösen Kräfte“ könne der soziale Organismus geheilt werden.

23. Die Angst vor Geheimgesellschaften und den Juden besaß und besitzt nach wie vor einen hohen Stellenwert im Denken der Verschwörungstheoretiker. Indem komplexe Entwicklungen auf ein Komplott reduziert werden, behindern sie ein realistisches Verständnis für die tatsächlichen historischen

Kräfte. Diese Denkweise verleitet Menschen dazu, etwas zu fürchten oder zu hassen, was in Wirklichkeit keinen Schaden verursacht.

24. Verschwörungsdenken hat auch mit Totalitarismus zu tun, da es das Bewusstsein einer Krisen- bzw. Notstandssituation wachhält, die nur von einer autoritären Herrschaft bewältigt werden könne.

25. Inhaltlich lassen sich viele Gemeinsamkeiten im Verschwörungsdenken und in den Verschwörungstheorien von den Anfängen bis heute feststellen, nicht immer aber in ihren Funktionen und Wirkungen. Auch die vermeintlichen Träger von Verschwörungen, die „Agenten des Bösen", ändern sich, manche bleiben jedoch konstant.

26. Verschwörungstheorien, so kann zusammenfassend festgehalten werden, verstehen sich als Erklärungsmodelle vermeintlicher und unter der Oberfläche verborgen liegender Ursachen für Umbrüche und tief greifende Veränderungen, die sie wegen ihrer Gefährlichkeit zu entlarven versuchen.

Anmerkungen

I. Einleitung: Was sind Verschwörungstheorien?

1 Vgl. dazu auswahlweise: Pipes, Verschwörung, S. 15 ff.; Caumanns/Niendorf (Hg.), Verschwörungstheorien; Verschwörungstheorien, in: Kursbuch 124; Gugenberger/Petri/Schweidlenka, Weltverschwörungstheorien; Rogalla von Bieberstein, Die These von der Verschwörung; Wippermann, Agenten des Bösen; Reinalter, Antimasonismus und Verschwörungstheorien, in: ders., Die Freimaurer, S. 110 ff.; ders., Die Verschwörungstheorie, in: Handbuch der freimaurerischen Grundbegriffe, S. 158 ff.; ders. (Hg.), Verschwörungstheorien; ders. (Hg.), Typologien des Verschwörungsdenkens; ders., Verschwörungstheorien, in: Kursiv 2006, S. 64 ff.

2 Popper, Logik der Forschung; ders., Das Elend des Historizismus; Keuth, Die Philosophie Karl Poppers; Schäfer, Karl R. Popper; Alt, Karl R. Popper; Albert, Erkenntnislehre; Reinalter, Karl R. Poppers view of History, in: Science, Medicine and Culture, S. 72 ff.; vgl. weiters Pfahl-Traughber, „Bausteine“ zu einer Theorie über „Verschwörungstheorien“, in: Reinalter (Hg.), Verschwörungstheorien, S. 30 ff.

3 Rogalla von Bieberstein, Der Mythos von der Verschwörung, S. 11 ff., S. 19 ff.; Gugenberger/Petri/Schweidlenka, Weltverschwörungstheorien, S. 21 ff., S. 23 ff.; Pipes, Verschwörung, S. 15 ff., S. 43 ff.

4 Wippermann, Agenten des Bösen, S. 7 ff., S. 11 ff.

5 Groh, Die verschwörungstheoretische Versuchung, in: ders., Anthropologische Dimensionen, S. 267 ff.; Groh, Verschwörungstheorien und Weltdeutungsmuster, in: Caumanns/Niendorf (Hg.), Verschwörungstheorien, S. 37 ff.

6 Pfahl-Traughber, „Bausteine“ zu einer Theorie über „Verschwörungstheorien“, S. 31; Pipes, Verschwörung, S. 43 ff.

7 Ebd., S. 43 ff., S. 58 ff.

8 Pfahl-Traughber, „Bausteine“ zu einer Theorie über „Verschwörungstheorien“, S. 36 ff.; Rogalla von Bieberstein, Die These von der Verschwörung, S. 18 ff.; Reinalter, Die Freimaurer, S. 124 ff.

9 Rogalla von Bieberstein, Zur Geschichte der Verschwörungstheorien, in: Reinalter (Hg.), Verschwörungstheorien, S. 17 f.; ders., Die These von der

freimaurerischen Verschwörung, in: Reinalter (Hg.), Freimaurer und Geheimbünde, S. 85 ff.; Reinalter, Die Verschwörungstheorie, in: ders. (Hg.), Handbuch der freimaurerischen Grundbegriffe, S. 158 ff., S. 170 ff.

10 Pipes, Verschwörung, S. 43 f.

11 Ebd., S. 44 f.

12 Ebd., S. 43 ff., bes. S. 45; Pfahl-Traughber, „Bausteine" zu einer Theorie über „Verschwörungstheorien", S. 31.

13 Pipes, Verschwörung, S. 44 ff.

14 Ebd., S. 45 f.

15 Ebd., S. 46.

16 Ebd., S. 46 f.

17 Rogalla von Bieberstein, Die These von der Verschwörung, S. 156 ff.; ders., Der Mythos von der Verschwörung, S. 165 ff.

II. Strukturelemente einer Theorie über „Verschwörungsideen": Definitionen, Begriffe, Funktionen und Ursachen

18 Vgl. dazu Pfahl-Traughber, „Bausteine" zu einer Theorie über „Verschwörungstheorien", S. 31 ff. (auch für das Folgende).

19 Ebd., S. 31.

20 Ebd., S. 31 f.

21 Ebd., S. 32.

22 Ebd., S. 32 f.

23 Ebd., S. 33.

24 Ebd., S. 33 ff.

25 Ebd., S. 34.

26 Ebd.

27 Ebd., S. 34 f.

28 Ebd., S. 35.

29 Ebd.

30 Ebd., S. 36. Vgl. auch das Kapitel III im vorliegenden Buch.

31 Arendt, Elemente und Ursprünge, S. 24.

32 Pfahl-Traughber, „Bausteine" zu einer Theorie über „Verschwörungstheorien", S. 37 ff.

33 Ebd., S. 37.

34 Rosenberg, Die Protokolle der Weisen von Zion, S. 5, S. 7; zit. auch bei Pfahl-Traughber, „Bausteine" zu einer Theorie über „Verschwörungstheorien", S. 38; über Rosenberg s. auch Reinalter, Geheimgesellschaften und Revolution.

35 Hitler, Mein Kampf, S. 129; zit. bei Pfahl-Traughber, „Bausteine“ zu einer Theorie über „Verschwörungstheorien“, S. 38.
36 Hitler, Reichstagsrede vom 30. Januar 1939, in: Domarus (Hg.), Hitler, 2. Bd., S. 1056; auch Pfahl-Traughber, „Bausteine“ zu einer Theorie über „Verschwörungstheorien“, S. 39.
37 Ebd., S. 39.
38 Ebd., S. 39 f.; Adorno, Studien zum autoritären Charakter, S. 105.
39 Ebd., S. 34, S. 46 ff.
40 Pfahl-Traughber, „Bausteine“ zu einer Theorie über „Verschwörungstheorien“, S. 40 ff.
41 Reinalter, Antimasonismus und Verschwörungstheorien, S. 110.
42 Pfahl-Traughber, „Bausteine“ zu einer Theorie über „Verschwörungstheorien“, S. 41.

III. Die Geschichte des Verschwörungsdenkens. Von der Aufklärung bis heute – ein Überblick

43 Vgl. zur Geschichte der Verschwörungstheorien: Rogalla von Bieberstein, Die These von der Verschwörung; ders., Der Mythos von der Verschwörung (auch z. T. für das Folgende).
44 Rogalla von Bieberstein, Der Mythos von der Verschwörung, S. 217 ff.; ders., Zur Geschichte der Verschwörungstheorien, in: Reinalter (Hg.), Verschwörungstheorien, S. 15 ff., S. 18 ff., S. 27 f.
45 Über die Gold- und Rosenkreuzer auswahlweise: Geffahrt, Religion und arkane Hierarchie; ders., Kirche im Arkanum, in: Zeitschrift für Internationale Freimaurerforschung (IF 21) (2009), S. 9 ff.; Zerling, Die Rosenkreuzer; Reinalter, Die Gold- und Rosenkreuzer, in: ders., Geheimbünde in Tirol, S. 132 ff.; Möller, Die Gold- und Rosenkreuzer, in: Ludz (Hg.), Geheime Gesellschaften, S. 153 ff., wiederabgedruckt und überarbeitet in: Reinalter (Hg.), Freimaurer und Geheimbünde, S. 199 ff.; Edighoffer, Die Rosenkreuzer.
46 Fehn, Das „Geheimnis der Bosheit“, in: Reinalter (Hg.), Aufklärung und Geheimgesellschaften, S. 85 ff.; Möller, Aufklärung in Preußen.
47 Über ihn vgl. Reinalter, Gegen die „Tollwuth der Aufklärungsbarbarei“, in: Weiß (Hg.), Von „Obscuranten“ und „Eudämonisten“, S. 221 ff.; Valjavec, Die Anfänge des österreichischen Konservativismus, S. 169 ff.; Epstein, Die Ursprünge des Konservativismus in Deutschland, S. 599 ff.
48 Note Pergens vom 1. Mai 1797, Allgemeines Verwaltungsarchiv Wien, Pergen-Akten X/A, H 8; Note Pergens vom 9. Dezember 1793, ebd., Polizeihofstelle 1793/855.

49 Das Handbillett ist abgedruckt in: Handbuch aller unter der Regierung … Josephs II. … ergangenen Verordnungen und Gesetze, Bd. 8, Wien 1787, S. 250 ff.; dazu auch Reinalter (Hg.), Joseph II. und die Freimaurer, S. 14 ff., S. 64 ff.; Reinalter, Am Hofe Josephs II., S. 44 f.; ders., Geheimbünde in Tirol, S. 166 ff.

50 Reinalter, Gegen die „Tollwuth der Aufklärungsbarbarei", S. 224 f.

51 (Hoffmann), Achtzehn Paragraphen, S. 59 ff., S. 63.

52 Hoffmann, Die zwo Schwestern P… und W… oder neu entdecktes Freymaurer- und Revolutionssystem; ders., Höchst wichtige Erinnerungen; Reinalter, Gegen die „Tollwuth der Aufklärungsbarbarei", S. 226; ders., Aufgeklärter Absolutismus und Revolution; ders., Österreich und die Französische Revolution.

53 Reinalter, Gegen die „Tollwuth der Aufklärungsbarbarei", S. 227; ders., Propaganda, in: ders. (Hg.), Lexikon zu Demokratie und Liberalismus, S. 259; Dipper/Schieder, Propaganda, in: Geschichtliche Grundbegriffe, Bd. 5, S. 69 ff.; Reinalter, Propaganda, in: Reinalter (Hg.), Lexikon zum Aufgeklärten Absolutismus, S. 495 f.

54 Die „Wiener Zeitschrift" erschien in sechs Vierteljahresbänden zwischen Januar 1792 und September 1793.

55 Reinalter, Gegen die „Tollwuth der Aufklärungsbarbarei", S. 228 ff.

56 Ebd., S. 233 ff., S. 234.

57 Ebd., S. 235; zit. nach Sommer, Die Wiener Zeitschrift, S. 141.

58 Zit. nach Valjavec, Die Entstehung der politischen Strömungen in Deutschland, S. 515; auch Rogalla von Bieberstein, Zur Geschichte der Verschwörungstheorien, S. 16.

59 Projekte der Ungläubigen (Augsburg) 1791, S. 5; Rogalla von Bieberstein, Zur Geschichte der Verschwörungstheorien, S. 16.

60 Ebd., S. 16 f.

61 Ebd., S. 17.

62 Barruel, Mémoires pour servir à l'histoire du Jacobinisme; dt. Denkwürdigkeiten zur Geschichte des Jakobinismus, S. 599; Rogalla von Bieberstein, Zur Geschichte der Verschwörungstheorien, S. 18; zu Barruel vgl. Schaeper-Wimmer, Augustin Barruel.

63 Vgl. dazu Rogalla von Bieberstein, S. 18 f.

64 Larudan, Allerneueste Geheimnisse der Freimaurer, Th. 1, S. 108, Th. 2, S. 39; Rogalla von Bieberstein, Zur Geschichte der Verschwörungstheorien, S. 19.

65 Zit. nach Taute, Die katholische Geistlichkeit, S. 142; auch bei Rogalla von Bieberstein, Zur Geschichte der Verschwörungstheorien, S. 19.

66 Zit. nach Singer, Der Kampf Roms, S. 37; Rogalla von Bieberstein, Zur Geschichte der Verschwörungstheorien, S. 19 f.

67 Barruel, Denkwürdigkeiten zur Geschichte des Jakobinismus, Th. 4, S. 613.
68 Barruel, Th. 1 (1800/03), S. 14; Rogalla von Bieberstein, Die These von der Verschwörung, S. 11 ff., S. 37 ff.
69 Barruel, Th. 1, S. 14 ff.
70 Zit. nach Rogalla von Bieberstein, Zur Geschichte der Verschwörungstheorien, S. 21.
71 Zu Starck s. Epstein, Die Ursprünge des Konservativismus, S. 506 ff.; Rogalla von Bieberstein, Der Mythos von der Verschwörung, S. 123 f.
72 Starck, Der Triumph der Philosophie, Bd. 2, S. 171 f.; Reinalter, Geheimbünde in Tirol, S. 217 f.
73 Starck, ebd.
74 Starck, Der Triumph der Philosophie, 2 Bde.; Eudämonia 1795–1798; Böning, Eudämonia.
75 Robison, Proofs of a Conspiracy; dt. Über geheime Gesellschaften.
76 Über den Tugendbund, die Burschenschaften und die Deutsche Union vgl. die Artikel in: Reinalter (Hg,), Lexikon zu Demokratie und Liberalismus, S. 298 ff., S. 48 ff., S. 72 ff. (dort auch weitere Literatur); zur Deutschen Union s. auch Reinalter, Bahrdt und die geheimen Gesellschaften, in: ders., Aufklärung und Moderne, S. 310 ff.
77 Rogalla von Bieberstein, Der Mythos von der Verschwörung, S. 134 ff.; Saitta, Buonarroti; Lehning, Buonarroti, S. 112 ff.
78 Rogalla von Bieberstein, Der Mythos von der Verschwörung, S. 140 f.
79 Reinalter, Revolution und Verschwörungstheorie, S. 118.
80 Ebd., S. 119; Zentrales Staatsarchiv Merseburg, Außenministerium, 2.4.1. I., Nr. 8151, fol. 295–297 (Abschrift).
81 Ebd., S. 119 f.
82 Ebd., S. 115.
83 Ebd., S. 120 ff., bes. S. 121.
84 Ebd., S. 121.
85 Ebd., S. 122; zum „Bund der Geächteten“ vgl. Reinalter (Hg.), Lexikon zu Demokratie und Liberalismus, S. 40 ff.; Schieder, Anfänge der deutschen Arbeiterbewegung; Büsch/Herzfeld (Hg.), Die frühsozialistischen Bünde.
86 Siemann, „Deutschlands Ruhe, Sicherheit und Ordnung“, S. 135 ff.; Adler (Hg.), Literarische Geheimberichte, Bd. 1, S. 3 f.; Reinalter, Revolution und Verschwörungstheorie, S. 123.
87 Reinalter, ebd.
88 Reinalter, ebd.; Adler (Hg.), Literarische Geheimberichte, S. 72 ff.
89 Reinalter, ebd., S. 124.
90 Eckert, Der Freimauer-Orden in seiner wahren Bedeutung.
91 Pachtler, Die internationale Arbeiterverbindung, S. 77 f.

92 Ebd., S. 106; Rogalla von Bieberstein, Die These, S. 191.

93 (Annuarius Osseg), Der Hammer der Freimaurerei am Kaiserthrone der Habsburger, S. 4, S. 83, S. 88.

94 Pachtler, Der Götze der Humanität oder das Positive der Freimaurerei; ders., Der stille Krieg gegen Thron und Altar oder das Negative in der Freimaurerei.

95 Vgl. dazu die Beispiele bei Rogalla von Bieberstein, Die These, S. 193 f.; und Ferrer Benimeli, Franc-Maçonnerie et Jésuites, in: Aufklärung, Freimaurerei und Demokratie im Diskurs der Moderne, S. 289 ff.; Hartmann, Die Jesuiten.

96 Wichtl, Weltfreimaurerei, Weltrevolution, Weltrepublik.

97 Zit. nach Ackermann, Heinrich Himmler, S. 25; Rogalla von Bieberstein, Die These, S. 211.

98 Ebd., S. 210; Reinalter, Die Freimaurer, S. 124; Rauschning, Gespräche mit Hitler, S. 224 f.

99 Heise, Entente-Freimaurerei und Weltkrieg.

100 Vgl. das Kapitel IV/7 im vorliegenden Buch.

101 S. dazu Reinalter (Hg.), Freimaurerei und europäischer Faschismus, Einleitung S. 11 ff.

IV. Typologien des Verschwörungsdenkens

102 Dazu allgemein Reinalter (Hg.), Typologien des Verschwörungsdenkens.

103 Die Darstellung der Geschichte des Templerordens stützt sich auf mehrere Bücher: Demurger, Die Templer; Barber, Die Templer; Sarnowsky, Die Templer; Vaghi, Die Tempelritter; Barber, Der Templerprozess.

104 Demurger, Die Templer, S. 17 ff., S. 27 ff., S. 37 ff.; Barber, Die Templer, S. 8 ff.; Sarnowsky, Die Templer, S. 11 ff., S. 57 ff.; Vaghi, Die Tempelritter, S. 16 ff.

105 Zit. nach Vaghi, Die Tempelritter, S. 23.

106 Demurger, Die Templer, S. 97 ff.; Barber, Die Templer, S. 124 ff., S. 130 ff.; Sarnowsky, Die Templer, S. 52 ff.

107 Demurger, Die Templer, S. 235 ff.; Barber, Die Templer, S. 239 ff.; Sarnowsky, Die Templer, S. 89 ff.

108 Barber, Der Templerprozess, S. 76 ff.; Demurger, Die Templer, S. 241 ff.; Sarnowsky, Die Templer, S. 104 ff.

109 Barber, Der Templerprozess, S. 77 ff., S. 113, S. 145 ff., S. 173 ff., S. 231 ff. (dort detaillierte Darstellung der Anklagen).

110 Baigent/Leigh, Der Tempel und die Loge, S. 79 ff., S. 110 ff., S. 115 ff., S. 130 ff.

111 Ebd., S. 131.
112 Ebd., S. 131 ff., S. 319 ff. – Hund konnte nur wenige Originaldokumente für seine Behauptungen vorlegen, wie z. B. ein Verzeichnis, das er zum Wilhelmsbader Konvent 1782 mitbrachte. Dieses wurde von Thory abgedruckt; vgl. auch Hammermayer, Der Wilhelmsbader Freimaurer-Konvent.
113 Baigent/Leigh, Der Tempel und die Loge, S. 132.
114 Ebd., S. 132 f.
115 Ebd.
116 Ebd., S. 319.
117 Ebd., S. 320.
118 Ebd., S. 322 ff.
119 Ebd., S. 323 ff.
120 Vgl. dazu (Oslo), Die Geheimlehre der Tempelritter, S. 176 ff.; Adler, Das Geheimnis der Templer, S. 133 ff.
121 (Oslo), Die Geheimlehre der Tempelritter, S. 176.
122 Ebd., S. 229 ff.
123 Ebd., S. 230 f.; Adler, Das Geheimnis der Templer, S. 121 ff.
124 Ebd., S. 230.
125 Über die älteren Rosenkreuzer vgl. van Dülmen, Die Utopie einer christlichen Gesellschaft; ders., Reformationsutopie und Sozietätsprojekte bei Johann Valentin Andreae; Yates, Aufklärung im Zeichen des Rosenkreuzes; Edighoffer, Die Rosenkreuzer; Reinalter, Die Bruderschaft der Rosenkreuzer, in: ders., Geheimbünde in Tirol, S. 116 ff.
126 Andreae, Fama fraternitatis (1614); Confessio fraternitatis (1615), abgedr. bei van Dülmen, Andreae.
127 Andreae, Chymische Hochzeit: Christiani Rosencreutz. Anno 1459 (1616), abgedr. bei van Dülmen, Andreae.
128 Andreae, Christianopolis (1619), abgedr. bei van Dülmen, Andreae; van Dülmen, Die Utopie einer christlichen Gesellschaft, S. 43 ff.; ders., Reformationsutopie, S. 303 ff.; Reinalter, Die Bruderschaft der Rosenkreuzer, in: ders., Geheimbünde in Tirol, S. 118 ff.; Edighoffer, Die Rosenkreuzer.
129 Schiffmann, Die Entstehung der Rittergrade in der Freimaurerei; Kiszely, Freimaurer-Hochgrade; ORD (Hg.), Eine Brücke zum Licht; Schüttler, Geschichte, Organisation und Ideologie der Strikten Observanz, S. 159 ff.; Forestier, Die templerische und okkultistische Freimaurerei im 18. und 19. Jahrhundert.
130 Zur Aufklärung vgl. auswahlweise: Reinalter, Die europäische Aufklärung als Gegenstand der Sozialgeschichtsforschung (dort auch weitere Literatur); ders., „Reflexive" Aufklärung, in: ders., Aufklärung und Moderne, S. 88 ff.;

Reinalter (Hg.), Aufklärungsprozesse seit dem 18. Jahrhundert; ders., (Hg.), Die neue Aufklärung.

131 Vgl. dazu Reinalter (Hg.), Aufklärungsprozesse, S. 11 (Einl.); Schneiders (Hg.), Lexikon der Aufklärung (Einl.), S. 9; ders., Die wahre Aufklärung.

132 Schneiders, Hoffnung auf Vernunft.

133 Reinalter, Aufklärung und Moderne, S. 170; Jüttner/Schlobach, Europäische Aufklärung(en).

134 Talmon, Die Ursprünge der totalitären Demokratie; Reinalter, Aufklärung und Französische Revolution, in: Vernunft der Aufklärung, S. 77 ff.

135 Vgl. Anm. 20 in Kap. III.

136 Schüttler (Hg.), Johann Joachim Christoph Bode; Fenner (Hg.), Adolph Freiherr Knigge, S. 7 ff.; Bois, Adolph Freiherr Knigge.

137 Hammermayer, Der Wilhelmsbader Freimaurer-Konvent.

138 Knigge, Ueber Jesuiten, 1781. Interpretation dieser Schrift von Fehn, in: Adolph Freiherr Knigge, Sämtliche Werke, Bd. 24, S. 108 ff.

139 Ebd.; Weiß (Hg.), Von „Obscuranten" und „Eudämonisten", S. 21 (Einl.).

140 Nicolai, Ueber das Entstehen der Freymaurergesellschaft (1782); vgl. dazu auch Fehn, Das „Geheimnis der Bosheit".

141 Vgl. Weiß (Hg.), Von „Obscuranten" und „Eudämonisten", S. 16 ff., mit vielen Beispielen.

142 Ebd., S. 21.

143 Ebd., S. 22 ff.

144 Zur Freimaurerei in der 2. Hälfte des 18. Jahrhunderts vgl. auswahlweise: Reinalter, Die Freimaurer, S. 14 ff.; ders., Freimaurerei und Geheimgesellschaften im 18. Jahrhundert, S. 78 ff.; ders. (Hg.), Aufklärung und Geheimgesellschaften; ders. (Hg.), Freimaurer und Geheimbünde im 18. Jahrhundert; ders. (Hg.), Aufklärung und Geheimgesellschaften. Freimaurer, Illuminaten und Rosenkreuzer; Agethen, Geheimbünde und Utopie; Reinalter, Die Rolle der Freimaurerei und Geheimgesellschaften im 18. Jahrhundert.

145 Vgl. dazu Reinalter, Freimaurerei, Jakobinismus und Demokratie, S. 162 ff.; ders., Freimaurerei und Demokratie im 18. Jahrhundert, in: Reinalter (Hg.), Aufklärung und Geheimgesellschaften, S. 41 ff.; Hardtwig, Eliteanspruch und Geheimnis in den Geheimgesellschaften des 18. Jahrhunderts, ebd. S. 63 ff.; Schindler, Freimaurerkultur im 18. Jahrhundert, S. 207; Koselleck, Kritik und Krise, S. 55 ff.

146 Reinalter, Die Freimaurer, S. 18 f.; ders., Freimaurerei und Französische Revolution, S. 155 ff.

147 Koselleck, Kritik und Krise, S. 58; Lessing, Ernst und Falk.

148 Koselleck, Kritik und Krise, S. 58 f.; Reinalter, Freimaurerei und Demokratie im 18. Jahrhundert, in: ders., Aufklärung und Moderne, S. 271 f.

149 Barruel, Th. 1 (1800/03), S. 14 ff.
150 Über den Illuminatenorden vgl. auswahlweise: van Dülmen (Hg.), Der Geheimbund der Illuminaten; Rachold (Hg.), Die Illuminaten; Reinalter (Hg.), Der Illuminatenorden; Agethen, Geheimbünde und Utopie; Fehn, Moralische Unschuld oder politische Bewusstheit?, in: Reinalter (Hg.), Die Französische Revolution, Mitteleuropa und Italien, S. 71 ff.; Hofter, Das System des Illuminatenordens; Reinalter, Der Geheimbund der Illuminaten im Verschwörungsdenken, in: ders. (Hg.), Typologie des Verschwörungsdenkens, S. 61 ff.; Schüttler, „Zwote Warnung über die Freimaurer", ebd., S. 64 ff.; ders., Die Mitglieder des Illuminatenordens.
151 Koselleck, Adam Weishaupt, S. 317 ff.; Reinalter, Das Weltall als Wirkung einer „höchsten Ursache", S. 294 ff.
152 Reinalter, ebd., S. 294 ff.; Knigge hat die „Anrede" Weishaupts in leicht modifizierter Form in den Entwurf „Die neuesten Arbeiten des Spartacus und Philo" (1794) aufgenommen.
153 Zit. bei Reinalter, ebd., S. 297.
154 Ebd., S. 298.
155 Ebd.
156 Ebd., S. 299.
157 Ebd. und S. 306, Anm. 40; zum Aufgeklärten Absolutismus vgl. die neueren Arbeiten von Reinalter/Klueting (Hg.), Der Aufgeklärte Absolutismus im europäischen Vergleich; und Reinalter (Hg.), Lexikon zum Aufgeklärten Absolutismus in Europa.
158 Reinalter, Das Weltall, S. 299 f.
159 Ebd., S. 300 f.
160 Ebd., S. 302 f.
161 Ebd., S. 303.
162 Ebd., S. 303 f.
163 Eudämonia 11, S. 232 f.; zit. auch bei Reinalter, ebd., S. 304. Das Buch von Goechhausen ist in Leipzig 1786 erschienen, Zitate S. 431 und VII.
164 Hofter, Das System des Illuminatenordens, S. 194 ff., S. 10.
165 Hammermayer, Illuminaten in Bayern, S. 146 ff.
166 Ebd.; vgl. auch Reinalter, Der Geheimbund der Illuminaten, in: ders. (Hg.), Typologien, S. 62.
167 Zur „Deutschen Union" s. Mühlpfordt, Karl Friedrich Bahrdt und die radikale Aufklärung, S. 49 ff.; ders., Lesegesellschaften und bürgerliche Umgestaltung, S. 730 ff.; ders., Europarepublik im Duodezformat, S. 319 ff.; ders., Bahrdts Weg zum revolutionären Demokraten, S. 996 ff.; Sauder/Weiss (Hg.), Carl-Friedrich Bahrdt; Reinalter, Bahrdt und die geheimen Gesellschaften, in: Sauder/Weiss (Hg.), Carl-Friedrich Bahrdt, S. 258 ff.

168 Reinalter/Mühlpfordt, Deutsche Union, in: Reinalter (Hg.), Lexikon zu Demokratie und Liberalismus, S. 72 ff.

169 Vgl. dazu Baigent/Leigh, Der Tempel und die Loge, S. 409 ff., S. 415 ff., S. 420 ff., S. 427 ff.; Frenschkowski, Die Geheimbünde, S. 123 ff.; Rogalla von Bieberstein, Die These, S. 116 f.

170 Vgl. Reinalter, Grenzen der Demokratie in der Französischen Revolution, S. 11 ff., auch für das Folgende.

171 Zur Französischen Revolution auswahlweise: Furet/Richet, Die Französische Revolution; Soboul, Die Grosse Französische Revolution; Vovelle, Die Französische Revolution; Schmitt, Einführung in die Geschichte der Französischen Revolution; Schmitt/Reichardt (Hg.), Die Französische Revolution; Koselleck/Reichardt (Hg.), Die Französische Revolution als Bruch des gesellschaftlichen Bewusstseins; Reinalter (Hg.), Die Französische Revolution und das Projekt der Moderne; Reichardt, Das Blut der Freiheit; Reinalter, Freiheit – Gleichheit – Brüderlichkeit; Hunt, Symbole der Macht.

172 Vovelle, Die Französische Revolution, S. 37.

173 Furet/Richet, Die Französische Revolution, S. 84 ff.

174 Erklärung der Menschen- und Bürgerrechte vom 26. August 1789, Art. 1, zit. nach Grab (Hg.), Die Französische Revolution, S. 37.

175 Reinalter, Grenzen der Demokratie, S. 13 f.

176 Grab (Hg.), Die Französische Revolution, S. 37 (Art. 4).

177 Reinalter, Grenzen der Demokratie, S. 14 f.

178 Talmon, Die Ursprünge der totalitären Demokratie, S. 89.

179 Zit. nach Talmon, ebd., S. 91.

180 Z. B. Talmon; vgl. auch Reinalter, Grenzen der Demokratie, S. 16 f.

181 Ebd., S. 17.

182 Ebd., S. 18; Talmon, Die Ursprünge, S. 122 f.

183 Reinalter, Grenzen der Demokratie, S. 19 f.

184 Ebd., S. 20 f.

185 Ebd., S. 21 ff.; Soboul, Französische Revolution und Volksbewegung: die Sansculotten.

186 Reinalter, Grenzen der Demokratie, S. 23 f.

187 Ebd., S. 26.

188 Ebd., S. 27 ff.

189 (Anonym), Ueber deutschen Democratengeist, S. 211 ff.; Bois, Die Jakobiner im Verschwörungsdenken, in: Reinalter (Hg.), Typologien, S. 22.

190 Bois, ebd.

191 Wiener Zeitschrift IV (1792), S. 141; Rogalla von Bieberstein, Zur Geschichte der Verschwörungstheorien, S. 23.

192 Vgl. dazu Schüttler, Die Intervention des deutschen Illuminatenordens, in: Reinalter (Hg.), Aufklärung und Geheimgesellschaften: Freimaurer, Illuminaten und Rosenkreuzer, S. 71 ff.; ders. (Hg.), Johann Joachim Christoph Bode, Journal.

193 Eudämonia II (1796), S. 9; Rogalla von Bieberstein, Zur Geschichte der Verschwörungstheorien, S. 24.

194 (Anonym), Giebt es einen Obscuranten-Bund?, in: Eudämonia VI (1796), S. 522 ff., hier S. 526; Bois, Die Jakobiner im Verschwörungsdenken, S. 27.

195 Bois, ebd., S. 26 f.

196 Bois, Vom „Jesuitendolch und -gift" zum „Jakobiner"- bzw. „Aristokratenkomplott", in: Reinalter (Hg.), Verschwörungstheorien, S. 121 ff.

197 Abgedr. bei Reinalter, Verschwörungstheorien in der Habsburgermonarchie, S. 133 ff. (Anhang, S. 137 ff.).

198 Über den Geheimbund der Carbonari vgl. auswahlweise: Lennhoff, Politische Geheimbünde; Rath, The Carbonari; Francovich, Storia della Massoneria; Reinalter, Carbonari; ders., Die Carbonari.

199 Reinalter, Die Carbonari, S. 88.

200 Ebd., S. 89.

201 Ebd., S. 89.

202 Ebd., S. 90.

203 Ebd., S. 90 f.

204 Ebd., S. 91.

205 Ebd., S. 91 f.; Mastellone, Mazzini.

206 Reinalter, Die Carbonari, S. 92.

207 Zit. nach Reinalter, Die Freimaurer in Österreich, S. 20 ff.

208 Reinalter, Der Geheimbund der Carbonari, in: Tirol – Österreich – Italien, S. 574 f.

209 Ebd., S. 575 f.

210 Projekte der Ungläubigen, S. 5; auch Rogalla von Bieberstein, Die demokratische und sozialistisch- kommunistisch-jüdische „Verschwörung", in: Reinalter (Hg.), Typologien, S. 100.

211 Rogalla von Bieberstein, ebd., S. 100. Diese Behauptung stammte vom Jesuiten Hermann Gruber, vgl. dazu ders., Freimaurerei, Weltkrieg und Weltfriede, S. 41.

212 Loth (Hg.), Deutscher Katholizismus, S. 242.

213 Rogalla von Bieberstein, Die These (Flensburg 1992), S. 135.

214 Zit. nach Singer, Der Kampf Roms, S. 37.

215 Drumont, Das verjudete Frankreich, T. 1, S. 417.

216 Wilhelm Meister (Bang), Judas Schuldbuch, S. 36.

217 Ebd., S. 42.

218 Belloc, Die Juden, S. 222.

219 Blaschke, Katholizismus und Antisemitismus, S. 60, S. 47, S. 51; Rogalla von Bieberstein, Die demokratische und sozialistisch-kommunistisch-jüdische „Verschwörung", S. 102.

220 Eckert, Der Freimaurer-Orden, S. 371; zum Kommunistenprozess 1852 vgl. Wippermann, Agenten des Bösen, S. 60.

221 Pachtler, Die internationale Arbeiterverbindung, S. 24, S. 77 f.

222 Ebd., S. 140, S. 6, S. 99 ff.

223 Bd. 70 (1872), S. 667 ff.

224 Ebd.

225 Frantz, Der Nationalliberalismus, S. 38 ff.

226 Bern, 2. Aufl. 1879, S. 19, S. 33, S. 48, S. 50; Zimmermann, Wilhelm Marr.

227 Berlin, 5. Aufl. 1901, S. 77.

228 Ebd., S. 103, S. V.

229 Stuttgart 1898, S. 29 f.

230 Ebd., S. 28, S. 8.

231 Rogalla von Bieberstein, Die demokratische und sozialistisch-kommunistisch-jüdische „Verschwörung", S. 103 f.; vgl. auch Webb, Das Zeitalter des Irrationalen, S. 27 ff.

232 Cohn, Die Protokolle der Weisen von Zion (1969), S. 157.

233 Hamburg 1921, S. 15.

234 Heise, Entente-Freimaurerei, S. 253.

235 Szajkowski, Jews, wars, S. 153.

236 Wistrich, Der antisemitische Wahn, S. 85.

237 München 1938, S. 226; Wistrich, S. 60; vgl. auch die Hinweise bei Wippermann, Agenten des Bösen, S. 78 ff.; Rogalla von Bieberstein, Der Mythos von der Verschwörung, S. 240.

238 Diamond, Herr Hitler, S. 41.

239 Schmolze, Revolution und Räterepublik, S. 19; zur Thule-Gesellschaft s. Sebottendorf, Bevor Hitler kam; Gilbhard, Die Thule-Gesellschaft.

240 Lösche, Der Bolschewismus, S. 257.

241 Greive, Theologie und Ideologie, S. 35.

242 Leipzig, 3. Aufl. 1919, S. 433, S. 422; Rogalla von Bieberstein, Die demokratische und sozialistisch-kommunistisch-jüdische „Verschwörung", S. 107.

243 Ebd.; vgl. auch Rogalla von Bieberstein, Der Mythos von der Verschwörung, S. 233; Rappaport, Sozialismus.

244 Pipes, Jews and the Russian Revolution, S. 55.

245 Rogalla von Bieberstein, Der Mythos von der Verschwörung, S. 108.

246 Haustein, Das Verhältnis von Juden zu Polen, S. 479.

ehemals fürstbischöfl. Schloss bei Fulda

247 Rogalla von Bieberstein, ebd., S. 110 f.; Himmler, Geheimreden, S. 56; Rosenberg, Dokumente der deutschen Politik, Bd. 4, S. 87.

248 Hitler, Mein Kampf, S. 69.

249 Rogalla von Bieberstein, Die These, S. 85 ff.; ders., Der Mythos, S. 24 ff.; ders., Zur Geschichte der Verschwörungstheorien, S. 15 ff.; Reinalter, Die Verschwörungstheorie, in: ders. (Hg.), Handbuch, S. 158 ff.; Wilson/Hill, Das Lexikon der Verschwörungstheorien. – Dieses Kapitel des vorliegenden Buches lehnt sich an meinen Aufsatz an: Der Mythos von der jüdisch-freimaurerischen Weltverschwörung, in: Zeitschrift für Internationale Freimaurerforschung 19, S. 19 ff.

250 Rogalla von Bieberstein, Die These, S. 90 ff.; vgl. auch Reinalter, Die Verschwörungstheorie, S. 158; zu den Illuminaten und Jakobinern s. auswahlweise: Reinalter (Hg.), Der Illuminatenorden (dort weiterführende Literatur); ders., Der Geheimbund der Illuminaten im Verschwörungsdenken, in: Reinalter (Hg.), Typologien, S. 61 ff.; Bois, Die Jakobiner im Verschwörungsdenken, S. 20 ff.

251 Reinalter, Die Verschwörungstheorie, S. 158; ders., Die Freimaurer, S. 111.

252 Vgl. dazu Reinalter, Die Rolle von Sündenböcken, S. 215 ff.

253 Heise, Entente-Freimaurerei; Rogalla von Bieberstein, Die These, S. 102 f.; Gruber, Freimaurerei, Weltkrieg und Weltfrieden.

254 Rogalla von Bieberstein, Zur Geschichte der Verschwörungstheorien, S. 24 f.; ders., Die demokratische und sozialistisch-kommunistisch-jüdische „Verschwörung", in: Reinalter (Hg.), Typologien, S. 100 ff.

255 Reinalter, Geheimgesellschaften und Revolution, S. 55 ff.; ders., Die Freimaurer, S. 121 ff., hier S. 122.

256 Vgl. die genaueren Hinweise in der Auswahlbibliographie.

257 Vgl. dazu das grundlegende Werk von Cohn, Die Protokolle der Weisen von Zion; Benz, Die Protokolle der Weisen von Zion; Hagemeister, Die Protokolle der Weisen von Zion, S. 45 ff.; ders., Die jüdische Verschwörung, in: Reinalter (Hg.), Typologien, S. 89 ff.; Pfahl-Traughber, Neuerscheinungen zu den „Protokollen", S. 89 ff.; Wippermann, Agenten des Bösen, S. 67 ff.; Eco, Im Krebsgang voran, S. 289 ff.

258 Benz, Die Protokolle der Weisen von Zion, S. 80 ff.; s. weiters Fleischhauer, Die echten Protokolle der Weisen von Zion; Der Berner Prozess um die Protokolle der Weisen von Zion, in: Bulletin Nr. 6; Raas/Brunschvig, Vernichtung einer Fälschung; zu Nilus vgl. Hagemeister, Sergej Nilus, S. 127 ff.

259 Reinalter, Geheimgesellschaften und Revolution, S. 64 ff.; vgl. auch Rosenberg, Die Protokolle der Weisen von Zion; Rogalla von Bieberstein, Die These, S. 103.

260 Rosenberg, Die Protokolle der Weisen von Zion, S. 65 f.

261 Ebd., S. 65.
262 Ebd., S. 65 f.
263 Vgl. dazu Hagemeister, Die Protokolle der Weisen von Zion, S. 45 ff.
264 Ebd., S. 50 ff.
265 Ebd., S. 48.
266 Ebd., S. 50 ff.
267 Ebd., S. 51.
268 Ebd., S. 52.
269 Ebd., S. 52 ff.
270 Ebd.
271 Ebd., S. 52 f.
272 Ebd., S. 53; s. dazu auch Groh, Die verschwörungstheoretische Versuchung, S. 267 ff.
273 Reinalter, Geheimgesellschaften und Revolution, S. 56 ff., S. 66 ff.
274 Rosenberg, Die Protokolle der Weisen von Zion, S. 137.
275 Zit. nach Rauschning, Gespräche mit Hitler, S. 224 f.
276 Ebd.; s. weiters Rogalla von Bieberstein, Die These, S. 103.
277 Vgl. Reinalter, Die Freimaurer, S. 124 ff.
278 Reinalter, Die Freimaurer, S. 126; Rogalla von Bieberstein, Zur Geschichte der Verschwörungstheorien, S. 17 f.; Pfahl-Traughber, „Bausteine" zu einer Theorie über „Verschwörungstheorien", S. 30 ff. – Weitere wichtige Literatur zu diesem Themenkomplex: Graumann (Hg.), Changing Conceptions of Conspiracy; Pfahl-Traughber, Der antisemitisch-antifreimaurerische Verschwörungsmythos; Melzer, Konflikt und Anpassung; Neuberger, Winkelmaß und Hakenkreuz.
279 Vgl. dazu auswahlweise: Reinalter u. a. (Hg.), Das Weltbild des Rechtsextremismus; Gugenberger u. a. (Hg.), Weltverschwörungstheorien; Freund, Braune Magie?; Ach/Pentrop, Hitlers „Religion"; Bellmund/Siniveer, Kultur, Führer, Lichtgestalten; Benz, Rechtsextremismus; Gugenberger, Kosmische Mächte im Widerstreit, S. 107 ff.
280 Liebhart, Esoterik, Okkultismus und rechtsextremes Denken, S. 155; Benz, Gewalt und Ideologie, S. 35 ff.
281 Liebhart, Esoterik, S. 156.
282 Ludendorff, Vernichtung der Freimaurerei durch Enthüllung ihrer Geheimnisse (1927); ders., Schändliche Geheimnisse der Hochgrade; ders., Kriegshetze und Völkermorden; zu Ludendorff vgl. die Diplomarbeit von Sohnius, Die Freimaurer und der Verschwörungsmythos General Ludendorffs; Melzer, Konflikt und Anpassung, S. 48 ff.; Pfahl-Traughber, Die Ideologie von der angeblichen Verschwörung der Freimaurer, S. 41; Rogalla von Bieberstein, Die These, S. 218 f.

283 Vgl. dazu Pfahl-Traughber, NS-Reprints, S. 1 f.; ders., Die Ideologie von der angeblichen Verschwörung der Freimaurer, S. 45 f.

284 Bittner, Satans verschworene Brüder, S. 110 ff.

285 Hinweise bei Pfahl-Traughber, Die Ideologie von der angeblichen Verschwörung der Freimaurer, S. 46.

286 Ebd.; auch dort Anm. 94.

287 Van Helsing (Jan Udo Holey), Geheimgesellschaften und ihre Macht im 20. Jahrhundert; Pfahl-Traughber, Die Ideologie von der angeblichen Verschwörung der Freimaurer, S. 46 f.; ders., Renaissance der antisemitisch-antifreimaurerischen Verschwörungstheorie, in: Reinalter (Hg.), Verschwörungstheorien, S. 83 ff., bes. S. 87 ff.; Gugenberger u. a., Weltverschwörungstheorien, S. 167 ff., S. 191 ff.

288 Vgl. dazu Gugenberger, Die Verschwörung der Außerirdischen, S. 115 ff.; Gugenberger u. a., Weltverschwörungstheorien, S. 145 ff.

289 Pfahl-Traughber, Renaissance der antisemitisch-antifreimaurerischen Verschwörungstheorie, S. 87 ff.; ders., Die Ideologie von der angeblichen Verschwörung der Freimaurer, S. 46 f.

290 Ebd., S. 47; Amtsgericht Mannheim, Beschlüsse vom 18. März 1996.

291 Krieger, Geschichte der Geheimdienste; Weiner, CIA; Pfahl-Traughber, „Bausteine" zu einer Theorie über „Verschwörungstheorien", S. 35 f.; Gray, Politik der Apokalypse, S. 212 ff.

292 Vgl. dazu die problematischen, verschwörungstheoretischen Darstellungen Bröckers, Verschwörungen, Verschwörungstheorien und die Geheimnisse des 11.09; Wisnewski, Mythos 9/11; ders., Verschlusssache Terror; dazu kritisch Wippermann, Agenten des Bösen, S. 134 ff.

293 Aust/Schnibben (Hg.), 11. September.

294 Vgl. dazu die kritischen Fragen von Bülow, Die CIA und der 11. September.

295 Bülow, Die CIA, S. 179 ff.

296 Ebd., S. 223.

297 Dazu grundlegend Robins/Post, Die Psychologie des Terrors, bes. S. 23 ff., S. 101 ff., S. 243 ff.

298 Ebd., S. 83 f.; vgl. auch Wippermann, Agenten des Bösen, S. 118 ff.

299 Zit. bei Robins/Post, S. 84.

300 Ebd., S. 84 f.

301 Zit. ebd.

302 Ebd., S. 85.

303 Ebd.

304 Ebd., S. 86 f.

305 Safwat al-Saqqa Amini/Sa'di Abu Habib, Freimaurerei.

306 Ebd.

307 Ebd., S. 1.
308 Ebd., S. 108 f.
309 Robins/Post, S. 318 ff.
310 Pipes, Verschwörung, S. 35.
311 Mearsheimer/Walt, Die Israel-Lobby.
312 Ebd., S. 161 ff., S. 213 ff.
313 Ebd., S. 13.

Bildnachweis

Abb. 1: Archiv Gerstenberg/ullstein bild/picturedesk.com.
Abb. 2: Wolfgang Wippermann: Agenten des Bösen. Verschwörungstheorien von Luther bis heute, Berlin – Brandenburg 2007.
Abb. 3–10: Wolfgang Benz: Die Protokolle der Weisen von Zion. Die Legende von der jüdischen Weltverschwörung, München 2007. – Mit freundlicher Genehmigung des C.-H.-Beck-Verlags.

Auswahlbibliographie (Quellen und Literatur)

Manfred Ach/Roger Pentrop: Hitlers „Religion“. Pseudoreligiöse Elemente im nationalsozialistischen Sprachgebrauch, München, 3. Aufl. 1982.

Josef Ackermann: Heinrich Himmler als Ideologe, Göttingen 1970.

Alexander Adler: Das Geheimnis der Templer. Von den Rosenkreuzern bis Rennes-le-Château, München 2009.

Hans Adler (Hg.): Literarische Geheimberichte. Protokolle der Metternich-Agenten, Bd. 1, 1840–1843, Köln 1977.

Theodor W. Adorno: Studien zum autoritären Charakter, Frankfurt/M. 1973.

Manfred Agethen: Geheimbünde und Utopie. Illuminaten, Freimaurer und deutsche Spätaufklärung, München 1984.

Hans Albert: Erkenntnislehre und Sozialwissenschaft. Karl Poppers Beitrag zur Analyse sozialer Zusammenhänge, Wien 2003.

René Alleau: Hitler et les sociétés secrètes. Enquêtes sur les sources occultes du nazisme, Paris 1969.

Gary Allen: Die Insider. Wohltäter oder Diktatoren, Wiesbaden, 8. Aufl. 1980.

Jürgen August Alt: Karl R. Popper, Frankfurt/M., 3. Aufl. 2001.

(Anonym): Ueber deutschen Democratengeist, und Deutsche Jacobiner. Fragmente und Erfahrungen eines Reisenden, in: (Heinrich August Reichard), Revolutions-Almanach, Göttingen 1794.

(Anonym): Giebt es einen Obscuranten-Bund?, in: Eudämonia VI (1796), S. 522 ff.

Hannah Arendt: Elemente und Ursprünge totaler Herrschaft, München 1955 (2. Aufl. 1991).

Stefan Aust/Cordt Schnibben (Hg.): 11. September. Geschichte eines Terrorangriffes, Stuttgart 2002.

Michael Baigent/Richard Leigh: Der Tempel und die Loge. Das geheime Erbe der Templer in der Freimaurerei, Bergisch-Gladbach 1989 (11. Aufl. 2009, engl. The Temple and the Lodge, London 1989).

Malcolm Barber: Die Templer. Geschichte und Mythos, Düsseldorf, 2. Aufl. 2006.

Malcolm Barber: Der Templerprozess. Das Ende eines Ritterordens, Düsseldorf 2008.

Augustin Barruel: Mémoires pour servir à l'histoire du Jacobinisme, 4 Bde., London 1797; dt. Denkwürdigkeiten zur Geschichte des Jakobinismus. Nach der in London 1797 erschienenen Original-Ausgabe ins Teutsche übersetzt von einer Gesellschaft verschiedener Gelehrten, 4 Theile, Münster – Leipzig 1800–1803.

Gottfried zur Beek: Die Geheimnisse der Weisen von Zion, München, 23. Aufl. 1939.

Klaus Bellmund/Kaarel Siniveer: Kulte, Führer, Lichtgestalten. Esoterik als Mittel rechtsradikaler Propaganda, München 1997.

Hilaire Belloc: Die Juden, München 1927.

Wolfgang Benz: Rechtsextremismus. Voraussetzungen, Zusammenhänge, Wirkungen, Frankfurt/M. 1989.

Wolfgang Benz: Gewalt und Ideologie. Tradition und Strukturen rechtsextremen Denkens, in: Das Weltbild des Rechtsextremismus, hg. von Helmut Reinalter u. a., Innsbruck 1998, S. 35 ff.

Wolfgang Benz: Die Protokolle der Weisen von Zion. Die Legende von der jüdischen Weltverschwörung, München 2007.

Dieter A. Binder: Die Freimaurer. Ursprung, Rituale und Ziele einer diskreten Gesellschaft, Freiburg – Basel – Wien 2006.

Wolfgang Bittner: Satans verschworene Brüder. Angriffe und Antithesen gegen die Deutsche Freimaurerei 1970 – 2000, Frechen 2001.

Pierre-André Bois: Adolph Freiherr Knigge, Wiesbaden 1990.

Pierre-André Bois: Vom „Jesuitendolch und -gift" zum „Jakobiner"- bzw. „Aristokratenkomplott": Das Verschwörungsmotiv als Strukturelement eines neuen politischen Diskurses, in: Verschwörungstheorien, hg. von Helmut Reinalter, Innsbruck 2002, S. 121 ff.

Holger Böning: Eudämonia, oder deutsches Volksglück – Ein Beitrag zur Geschichte konservativer Publizistik in Deutschland, in: Text & Kontext 13 (1985), S. 7 ff.

Nicolas de Bonneville: Les Jésuites chassés de la Maçonnerie et leur poignard brisé par les maçons, deux parties, London 1788.

Rudolf Otto Braun: Hinter den Kulissen des Dritten Reiches. Geheime Gesellschaften machen Weltpolitik, Markt Erlbach 1987.

Mathias Bröckers: Verschwörungen, Verschwörungstheorien und die Geheimnisse des 11.09., Frankfurt/M. 2002.

Andreas von Bülow: Die CIA und der 11. September. Internationaler Terror und die Rolle der Geheimdienste, München 2004 (5. Aufl. 2006).

Otto Büsch/Hans Herzfeld (Hg.): Die frühsozialistischen Bünde in der Geschichte der deutschen Arbeiterbewegung, Berlin 1975.

E. R. Carmin: Das schwarze Reich. Geheimgesellschaften und Politik im 20. Jahrhundert, München 1997.

Ute Caumanns/Mathias Niendorf (Hg.): Verschwörungstheorien. Anthropologische Konstanten – historische Varianten, Osnabrück 2001.
Robert Clifford: Application of Barruel's Memoires of Jacobinism to the Secret Societies of Ireland and Great Britain, London 1798.
Norman Cohn: Warrant for Genocide. The Myth of the Jewish World Conspiracy and the Protocols of the Elders of Zion, New York 1969 (London 1967), dt. Die Protokolle der Weisen von Zion. Der Mythos von der jüdischen Weltverschwörung, Köln – Berlin 1969, Neuausgabe Baden-Baden – Zürich 1998.
Wilfried Daim: Der Mann, der Hitler die Ideen gab. Lanz von Liebenfels, Wien, 3. Aufl. 1994.
Marcelin Defourneaux: Complot maçonnique et complot jésuitique, in: Annales Historiques de la Révolution française 1965, S. 175 ff.
Alain Demurger: Die Templer. Aufstieg und Untergang. 1120–1314, München 1991 (Neuaufl. 2007).
Der Berner Prozess um die Protokolle der Weisen von Zion, in: Bulletin Nr. 6, The Wiener Library, London.
Sander Diamond: Herr Hitler, Düsseldorf 1985.
Artur Dinter: Die Sünde wider das Blut, Leipzig, 3. Aufl. 1919.
Christof Dipper/Wolfgang Schieder: Propaganda, in: Geschichtliche Grundbegriffe, Bd. 5, hg. von Otto Brunner u. a., Stuttgart 1984, S. 69 ff.
Dokumentationsarchiv des österreichischen Widerstandes (Hg.): Handbuch des österreichischen Rechtsextremismus, Wien 1993.
Max Domarus (Hg.): Hitler. Reden und Proklamationen 1932–1945. Kommentiert von einem deutschen Zeitgenossen, II. Bd., Untergang (1939–1945), Würzburg 1963.
Jacques Droz: La Légende du complot illuministe et les origines du romanticisme politique en Allemagne, in: Revue historique 226 (1961), S. 313 ff.
Édouard Drumont: Das verjudete Frankreich, T. 1, Berlin, 6. Aufl. 1889.
Eugen Dühring: Judenfrage als Frage des Racencharakters und seiner Schädlichkeiten für Völkerexistenz, Sitte und Kultur, Berlin, 5. Aufl. 1901.
Richard van Dülmen (Hg.): Johann Valentin Andreae, Christianopolis 1619, Stuttgart 1972.
Richard van Dülmen (Hg.): Der Geheimbund der Illuminaten. Darstellung – Analyse – Dokumentation, Stuttgart 1975.
Richard van Dülmen (Hg.): Johann Valentin Andreae, Fama fraternitatis (1614). Confessio fraternitatis (1615). Chymische Hochzeit: Christiani Rosencreutz. Anno 1459 (1616), Stuttgart, 2. Aufl. 1976.
Richard van Dülmen: Die Utopie einer christlichen Gesellschaft. Johann Valentin Andreae (1586–1654), T. 1, Stuttgart – Bad Cannstatt 1978.

Richard van Dülmen: Reformationsutopie und Sozietätsprojekte bei Johann Valentin Andreae, in: Francia 6 (1978), S. 299 ff.

Eduard Emil Eckert: Der Freimaurer-Orden in seiner wahren Bedeutung, Magdeburg 1848.

Umberto Eco: Die Grenzen der Interpretation, München 1995 (2. Aufl. 1999).

Umberto Eco: Im Krebsgang voran. Heiße Kriege und medialer Populismus, München 2007.

Roland Edighoffer: Die Rosenkreuzer, München 1995.

Ernst Engelhardt: Jüdische Weltmachtpläne. Die Entstehung der sogenannten Zionistischen Protokolle, Leipzig 1936.

Klaus Epstein: Die Ursprünge des Konservativismus in Deutschland. Der Ausgangspunkt: Die Herausforderung durch die Französische Revolution 1770–1806, Frankfurt/M. – Berlin – Wien 1973 (engl. Princeton 1966).

Robert Eringer: The Conspiracy Peddlers. A Review of the Conspiracy Media in the United States, Mason/Mich. 1981.

Matthias Erzberger: Christliche oder socialdemokratische Gewerkschaften?, Stuttgart 1898.

Ernst-Otto Fehn: Moralische Unschuld oder politische Bewusstheit? Thesen zur illuminatischen Ideologie und ihre Rezeption, in: Die Französische Revolution, Mitteleuropa und Italien, hg. von Helmut Reinalter, Frankfurt/M. 1992, S. 71 ff.

Wolfgang Fenner (Hg.): Adolph Freiherr Knigge, Über Freimaurer, Illuminaten und echte Freunde der Wahrheit, Wiesbaden 2008.

José A. Ferrer Benimeli: Franc-Maçonnerie et Jésuites: le secret du mythe ou le mythe du secret, in: Aufklärung, Freimaurerei und Demokratie im Diskurs der Moderne. Festschrift zum 60. Geb. von Helmut Reinalter, hg. von Michael Fischer u. a., Frankfurt/M. 2003, S. 289 ff.

Ulrich Fleischhauer: Die echten Protokolle der Weisen von Zion, Sachverständigengutachten, Erfurt 1935.

René le Forestier: Die templerische und okkultistische Freimaurerei im 18. und 19. Jahrhundert, 3 Bde., Weidenthal-Leimen 1987–1990.

Carlo Francovich: Storia della Massoneria in Italia, Firenze 1975.

Constantin Frantz: Der Nationalliberalismus und die Judenherrschaft, München 1874.

(Adolph Freiherr von Knigge): Ueber Jesuiten, Freymaurer und deutsche Rosencreutzer, Frankfurt/M. 1781 (auch Leipzig 1781).

Marco Frenschkowski: Die Geheimbünde. Eine kulturgeschichtliche Analyse, Wiesbaden, 2. Aufl. 2008.

René Freund: Braune Magie? Okkultismus, New Age und Nationalsozialismus, Wien 1995.

Theodor Fritsch: Die Zionistischen Protokolle. Das Programm der internationalen Geheimregierung, Leipzig 1924.

François Furet/Denis Richet: Die Französische Revolution, Frankfurt/M. 1968.

Renko D. Geffarth: Religion und arkane Hierarchie. Der Orden der Gold- und Rosenkreuzer als Geheime Kirche im 18. Jahrhundert, Leiden 2007.

Renko D. Geffarth: Kirche im Arkanum. Der Orden der Gold- und Rosenkreuzer des 18. Jahrhunderts, in: Zeitschrift für Internationale Freimaurerforschung (IF) 21 (2009), S. 9 ff.

Geheime Geschichte des Verschwörungs-Systems der Jakobiner in den österreichischen Staaten, in: für Wahrheitsfreunde, London 1795.

Hermann Gilbhard: Die Thule-Gesellschaft, München 1994.

Tom Goeller: Freimaurer. Aufklärung eines Mythos, Berlin – Brandenburg 2006.

Paul Goodman: Towards a Christian Republic. Antimasonry and the Great Transition in New England, 1826–1836, New York 1988.

Nicholas Goodric-Clarke: Die okkulten Wurzeln des Nationalsozialismus, Graz 1997.

Andreas Gößling: Die Freimaurer. Weltverschwörer oder Menschenfreunde?, München 2007.

Walter Grab (Hg.): Die Französische Revolution. Eine Dokumentation, München 1973.

Carl F. Graumann/Serge Moscovici (Hg.): Changing Conceptions of conspiracy, New York 1987.

John Gray: Politik der Apokalypse. Wie Religion die Welt in die Krise stürzt, Stuttgart 2007.

Hermann Greive: Theologie und Ideologie, Heidelberg 1969.

Diether Groh: Anthropologische Dimensionen der Geschichte, Frankfurt/M. 1992.

Hermann Gruber: Freimaurerei, Weltkrieg und Weltfriede, Leipzig, 2. Aufl. 1917.

Thomas Grüter: Freimaurer, Illuminaten und andere Verschwörer. Wie Verschwörungstheorien funktionieren, Frankfurt/M. 2006.

Eduard Gugenberger: Kosmische Mächte im Widerstreit – Esoterische Grundlagen im Verschwörungsbild des Rechtsextremismus, in: Verschwörungstheorien, hg. von Helmut Reinalter, Innsbruck 2002, S. 107 ff.

Eduard Gugenberger/Franko Petri/Roman Schweidlenka: Weltverschwörungstheorien. Die neue Gefahr von rechts, Wien – München 1998.

Eduard Gugenberger/Roman Schweidlenka: Die Fäden der Nornen. Zur Macht der Mythen in politischen Bewegungen, Wien 1993.

Heinz Gürtler: Deutsche Freimaurerei im Dienste Napoleonischer Politik. Die Geschichte der Freimaurerei im Königreich Westfalen, Berlin 1942.

Michael Hagemeister: Sergej Nilus und die „Protokolle der Weisen von Zion". Überlegungen zum Forschungsstand, in: Jahrbuch für Antisemitismusforschung 5 (1996), S. 127 ff.
Michael Hagemeister: Die Protokolle der Weisen von Zion – eine Anti-Utopie oder der große Plan in der Geschichte?, in: Verschwörungstheorien, hg. von Helmut Reinalter, Innsbruck 2002, S. 45 ff.
Michael Hagemeister: Die jüdische Verschwörung, in: Typologien des Verschwörungsdenkens, hg. von Helmut Reinalter, Innsbruck 2004, S. 89 ff.
Franz Haiser: Freimaurer und Gegenmaurer im Kampf um die Weltherrschaft, München 1924.
Ludwig Hammermayer: Der Wilhelmsbader Freimaurerkonvent von 1782, Heidelberg 1980.
Ludwig Hammermayer: Illuminaten in Bayern. Zu Geschichte, Fortwirken und Legende des Geheimbundes, in: Krone und Verfassung. König Max I. Joseph und der neue Staat, hg. von Hubert Glaser, München – Zürich 1980, S. 146 ff.
Wolfgang Hardtwig: Eliteanspruch und Geheimnis in den Geheimgesellschaften des 18. Jahrhunderts, in: Aufklärung und Geheimgesellschaften, hg. von Helmut Reinalter, München 1989, S. 63 ff.
Peter C. Hartmann: Die Jesuiten, München 2001.
Friedrich Hasselbacher: Entlarvte Freimaurerei, Bde. 1–4, Berlin 1936–1939.
Ulrich Haustein: Das Verhältnis von Juden zu Polen, in: Kirche und Synagoge, Bd. 2, hg. von Karl H. Rengstorf, Stuttgart 1970.
Karl Heise: Entente-Freimaurerei und Weltkrieg. Ein Beitrag zur Geschichte des Weltkrieges und zum Verständnis der wahren Freimaurerei, Basel 1919 (2. Aufl. 1920).
Jan van Helsing: Geheimgesellschaften und ihre Macht im 20. Jahrhundert, Meppen 1993.
Jan van Helsing: Geheimgesellschaften und ihre Macht im 20. Jahrhundert oder Wie man die Welt nicht regiert. Ein Wegweiser durch die Verstrickungen von Logentum mit Hochfinanz und Politik, Rhede-Lathen 1995.
Heinrich Himmler: Geheimreden 1933–1945, Frankfurt/M. 1974.
Adolf Hitler: Mein Kampf, München 1944 (1. Aufl. 1923).
David S. Hoffmann: The Web of Hate. Extremists Exploit the Internet, New York 1996.
(Leopold Alois Hoffmann): Achtzehn Paragraphen über Katholizismus, Protestantismus, Jesuitismus, geheime Orden und moderne Aufklärung in Deutschland. Eine Denkschrift an deutsche Regenten und das deutsche Publikum. In Deutschland (Wien) 1787.
Leopold Alois Hoffmann: Höchst wichtige Erinnerungen zur rechten Zeit, über einige der allerernsthaftesten Angelegenheiten dieses Zeitalters, T. 1, Wien 1795.

Leopold Alois Hoffmann: Die zwo Schwestern P… und W… oder neu entdecktes Freymaurer- und Revolutionssystem. Ganz Deutschland, besonders aber Österreich aus Original-Freymaurerschriften vorgelegt, Wien 1796.
Wolfgang Hofter: Das System des Illuminatenordens und seine soziologische Bedeutung, Diss., Heidelberg 1956.
Engelbert Huber: Freimaurerei. Die Weltmacht hinter den Kulissen, Stuttgart, 3. Aufl. 1934.
Lynn Hunt: Symbole der Macht. Macht der Symbole. Die Französische Revolution und der Entwurf einer neuen politischen Kultur, Frankfurt/M. 1989.
Siegfried Jüttner/Jochen Schlobach (Hg.): Europäische Aufklärung(en). Einheit und nationale Vielfalt, Hamburg 1992.
Gerd-Klaus Kaltenbrunner (Hg.): Geheimgesellschaften und der Mythos der Weltverschwörung, Freiburg – Basel – Wien 1987.
Steven L. Kaplan: The Famine Plot Persuasion in Eighteenth-Century France, Philadelphia 1982.
Jacob Katz: Jews and Freemasons in Europe 1723–1939, Cambridge/Mass. 1970.
Herbert Keuth: Die Philosophie Karl Poppers, Tübingen 2000.
Udo von Khaynach: Der Tempel Salomonis. Generalkarte der Weltrevolution. Arbeitsplan aller Geheimorden. Schlüssel zur Weltgeschichte, Potsdam 1935 (Reprint Bremen 1981).
Gabor Kiszely: Freimaurer-Hochgrade. Der Alte und Angenommene Schottische Ritus, Innsbruck 2008.
Ralf Klausnitzer: Poesie und Konspiration. Beziehungssinn und Zeichenökonomie von Verschwörungsszenarien in Publizistik, Literatur und Wissenschaft 1750–1850, Berlin – New York 2007.
Reinhart Koselleck: Kritik und Krise. Ein Beitrag zur Pathogenese der bürgerlichen Welt, Freiburg – München 1959 (Frankfurt/M. 1973).
Reinhart Koselleck: Adam Weishaupt und die Anfänge der bürgerlichen Geschichtsphilosophie in Deutschland, in: Tijdschrift voor de studie van de verlichting 4/3–4 (1976), S. 317 ff.
Michael Kraus (Hg.): Die Freimaurer, Salzburg 2007.
Wolfgang Krieger: Geschichte der Geheimdienste. Von den Pharaonen bis zur CIA, München 2009.
Monika M. Kugler: Die These von der jüdischen Weltverschwörung und ihre Rolle im nachfaschistischen Antisemitismus in Österreich, Dipl.-Arbeit, Salzburg 1990.
Abbé Larudan: Allerneueste Geheimnisse der Freimäurer, 2 Theile, o. O. 1772 (2. Aufl. 1780).
Arthur Lehning: Buonarroti and his international secret societies, in: International Review of Social History 1 (1956), S. 112 ff.

Eugen Lennhoff: Die Freimaurer, Zürich 1932.
Eugen Lennhoff: Politische Geheimbünde, München 1968.
Gotthold Ephraim Lessing: Ernst und Falk, hg. von J. Contiades, Frankfurt/M. 1968.
Richard S. Levy: Antisemitism in the Modern World. An Anthology of Texts, Lexington/Mass. 1991.
Karin Liebhart: Esoterik, Okkultismus und rechtsextremes Denken, in: Das Weltbild des Rechtsextremismus, hg. von Helmut Reinalter u. a., Innsbruck 1998, S. 143 ff.
Martin Seymour Lipset/Earl Raab: The Politics of Unreason: Right-Wing Extremism in America, 1790–1970, New York 1970.
Peter Lösche: Der Bolschewismus im Urteil der deutschen Sozialdemokratie, Berlin 1967.
Wilfried Loth (Hg.): Deutscher Katholizismus im Umbruch der Moderne, Stuttgart 1991.
Erich Ludendorff: Vernichtung der Freimaurerei durch Enthüllung ihrer Geheimnisse, München 1927 (Neubearb. München 1936).
Erich Ludendorff: Kriegshetze und Völkermorden in den letzten 150 Jahren, Neubearb. München 1931.
Erich Ludendorff: Schändliche Geheimnisse der Hochgrade, München 1932.
Urs Lüthi: Der Mythos von der Weltverschwörung. Die Hetze der Schweizer Frontisten gegen Juden und Freimaurer – am Beispiel des Berner Prozesses um die „Protokolle der Weisen von Zion“, Basel 1992.
Klaus-Rüdiger Mai: Geheimbünde. Mythos, Macht und Wirklichkeit, Bergisch-Gladbach 2006.
Salvo Mastellone: Mazzini e la „Giovine Italia“, 2 Bde., Pisa 1960.
Norman McKenzie (Hg.): Secret Societies, New York 1967.
John J. Mearsheimer/Stephen M. Walt: Die Israel-Lobby. Wie die amerikanische Außenpolitik beeinflusst wird, Frankfurt/M. 2007.
Ralf Melzer: Konflikt und Anpassung. Freimaurerei in der Weimarer Republik und im „Dritten Reich“, Wien 1999.
Léon Meurin: La franc-maçonnerie, synagoge de Satan, Paris 1893.
Wolfram Meyer zu Uptrup: Kampf gegen die „jüdische Weltverschwörung“. Propaganda und Antisemitismus der Nationalsozialisten 1919–1945, Berlin 2003.
Karl Markus Michel/Tilman Spengler (Hg.): Verschwörungstheorien, in: Kursbuch 124 (1996).
Horst Möller: Aufklärung in Preußen. Der Verleger, Publizist und Geschichtsschreiber Friedrich Nicolai, Berlin 1974.
J. J. Mounier: De l'influence attribué aux philosophes aux Franc-Maçons et aux Illuminés sur la Révolution de France, Tübingen 1801; dt. Ueber den vergeb-

lichen Einfluss der Philosophen, Freimaurer und Illuminaten auf die Französische Revolution, Tübingen 1801.
Günther Mühlpfordt: Karl Friedrich Bahrdt und die radikale Aufklärung, in: Jahrbuch des Instituts für Deutsche Geschichte an der Universität Tel Aviv 5 (1976), S. 49 ff.
Günther Mühlpfordt: Lesegesellschaften und bürgerliche Umgestaltung. Ein Organisationsversuch des deutschen Aufklärers Bahrdt vor der Französischen Revolution, in: Zeitschrift für Geschichtswissenschaft 28/8 (1980), S. 730 ff.
Günther Mühlpfordt: Bahrdts Weg zum revolutionären Demokraten, in: Zeitschrift für Geschichtswissenschaft 29/11 (1981), S. 996 ff.
Günther Mühlpfordt: Europarepublik im Duodezformat. Die internationale Geheimgesellschaft „Union" – ein radikal-aufklärerischer Bund der Intelligenz (1786–1796), in: Freimaurer und Geheimbünde im 18. Jahrhundert in Mitteleuropa, hg. von Helmut Reinalter, Frankfurt/M. 1983, S. 319 ff.
Töhötön Nagy: Jesuiten und Freimaurer, Wien 1969.
Helmut Neuberger: Winkelmaß und Hakenkreuz. Die Freimaurer und das Dritte Reich, München 2001.
Friedrich Nicolai: Ueber das Entstehen der Freymaurergesellschaft, Berlin 1782.
Friedrich Nicolai: Versuch über die Beschuldigungen, welche dem Tempelherrenorden gemacht worden, und über dessen Geheimniß; Nebst einem Anhange über das Entstehen der Freymaurergesellschaft, 2. Bde., 1. und 2. Aufl. Berlin und Stettin 1782.
Józef Niewiadomski/Wolfgang Palaver (Hg.): Vom Fluch und Segen der Sündenböcke. Raymund Schwager zum 60. Geb., Thaur 1995.
Claus Oberhauser: Die Freimaurerei im Verschwörungsdenken, Dipl.-Arbeit, Innsbruck 2009.
Oberster Rat für Deutschland (Hg.): Eine Brücke zum Licht. A Bridge to Light, Berlin 2008.
(Allan Oslo): Die Geheimlehre der Tempelritter, Düsseldorf 2007.
G. Michael Pachtler: Die internationale Arbeiterverbindung, Essen 1871.
G. Michael Pachtler: Der Götze der Humanität oder das Positive der Freimaurerei, Freiburg/Br. 1875.
G. Michael Pachtler (Ps. Annarius Osseg): Der Hammer der Freimaurerei am Kaiserthrone der Habsburger, Amberg 1875.
G. Michael Pachtler: Der stille Krieg gegen Thron und Altar oder das Negative in der Freimaurerei, Amberg, 2. Aufl. 1876.
Franko Petri: Der Weltverschwörungsmythos. Die Politik des Irrationalismus, Dipl.-Arbeit, Innsbruck 1997.
Armin Pfahl-Traughber: Die neue/alte Legende vom Komplott der Juden und Freimaurer, in: Osteuropa 41 (1991), S. 122 ff.

Armin Pfahl-Traughber: NS-Reprints für Forschungszwecke? Das Programm des Verlags für ganzheitliche Forschung und Kultur, in: Blick nach rechts 17 (1992), S. 1 f.

Armin Pfahl-Traughber: Der antisemitisch-antifreimaurerische Verschwörungsmythos in der Weimarer Republik und im NS-Staat, Wien 1993.

Armin Pfahl-Traughber: Neuerscheinungen zu den „Protokollen der Weisen von Zion“ und Verschwörungstheorien, in: Zeitschrift für Internationale Freimaurer-Forschung 1 (1999), S. 89 ff.

Armin Pfahl-Traughber: Renaissance der antisemitisch-antifreimaurerischen Verschwörungstheorie, in: Verschwörungstheorien, hg. von Helmut Reinalter, Innsbruck 2002, S. 83 ff.

Armin Pfahl-Traughber: Die Ideologie von der angeblichen Verschwörung der Freimaurer, in: Typologien des Verschwörungsdenkens, hg. von Helmut Reinalter, Innsbruck 2004, S. 32 ff.

Daniel Pipes: Verschwörung. Faszination und Macht des Geheimen, München 1997.

Richard Pipes: Jews and the Russian Revolution, in: Polin 9 (1996), S. 55 ff.

Léon Poliakov: Der arische Mythos. Zu den Quellen von Rassismus und Nationalismus, Wien – München 1971 (Hamburg 1993).

Karl R. Popper: Logik der Forschung. Zur Erkenntnistheorie der modernen Naturwissenschaft, Wien 1934 (1935, Tübingen, 10. Aufl. 1994).

Karl R. Popper: Das Elend des Historizismus, Tübingen 1965 (engl. 1944/45).

Projekte der Ungläubigen, o. O. (Augsburg) 1791.

Paul Raabe (Hg.): Adolph Freiherr Knigge, Sämtliche Werke, Bd. 24, München – London – New York 1993.

Emil Raas/Georges Brunschvig: Vernichtung einer Fälschung. Der Prozess um die erfundenen „Weisen von Zion“, Zürich 1938.

Jan Rachold (Hg.): Die Illuminaten. Quellen und Texte zur Aufklärungsideologie des Illuminatenordens (1776–1785), Berlin 1984.

Moriz Rappaport: Sozialismus, Revolution und Judentum, Leizpig – Wien 1919.

R. John Rath: The Carbonari. Their Origins, in: Annales historiques de la Révolution française 69 (1964), S. 174 ff.

Hermann Rauschning: Gespräche mit Hitler, Zürich 1940.

Rolf Reichardt: Das Blut der Freiheit. Französische Revolution und demokratische Kultur, Frankfurt/M. 1998.

Helmut Reinalter: Aufgeklärter Absolutismus und Revolution. Zur Geschichte des Jakobinertums und der frühdemokratischen Bestrebungen in der Habsburgermonarchie, Wien 1980.

Helmut Reinalter: Geheimbünde in Tirol. Von der Aufklärung bis zur Französischen Revolution, Bozen 1982.

Helmut Reinalter (Hg.): Freimaurer und Geheimbünde im 18. Jahrhundert in Mitteleuropa, Frankfurt/M. 1983 (4. Aufl. 1993).
Helmut Reinalter: Die Freimaurer in Österreich von der Aufklärung bis zur Revolution 1848/49, in: Zirkel und Winkelmaß. 200 Jahre Große Landesloge der Freimaurer, Wien 1984, S. 7 ff.
Helmut Reinalter: Geheimgesellschaften und Revolution. Freimaurerei und Nationalsozialismus am Beispiel Alfred Rosenbergs, in: Quatuor Coronati Jahrbuch 21 (1984), S. 55 ff.
Helmut Reinalter: Freimaurerei und Französische Revolution, in: Quatuor Coronati Jahrbuch 22 (1985), S. 155 ff.
Helmut Reinalter: Freimaurerei und Geheimgesellschaften im 18. Jahrhundert, in: Aufklärung – Vormärz – Revolution 6 (1986), S. 78 ff.
Helmut Reinalter: Revolution und Verschwörungstheorie in Briefen und Berichten Metternichs, in: Innsbrucker Historische Studien 9 (1986), S. 115 ff.
Helmut Reinalter: Österreich und die Französische Revolution, Wien 1988.
Helmut Reinalter: Grenzen der Demokratie in der Französischen Revolution, in: ders., Die Französische Revolution und Mitteleuropa, Frankfurt/M. 1988, S. 11 ff.
Helmut Reinalter: Freiheit – Gleichheit – Brüderlichkeit. Reform, Umbruch und Modernisierung in Aufklärung und Französischer Revolution, Düsseldorf 1989.
Helmut Reinalter (Hg.): Aufklärung und Geheimgesellschaften. Zur politischen Funktion und Sozialstruktur der Freimaurerlogen im 18. Jahrhundert, München 1989.
Helmut Reinalter (Hg.): Aufklärung und Geheimgesellschaften: Freimaurer, Illuminaten und Rosenkreuzer – Ideologie, Struktur und Wirkungen, Bayreuth 1992.
Helmut Reinalter: Die Verschwörungstheorie, in: Freimaurer. Solange die Welt besteht, Ausstellungskatalog, Wien 1992, S. 272 ff.
Helmut Reinalter (Hg.): Lexikon zu Demokratie und Liberalismus 1750–1848/49, Frankfurt/M. 1993.
Helmut Reinalter: Carbonari, in: Lexikon zu Demokratie und Liberalismus, hg. von Helmut Reinalter, Frankfurt/M. 1993, S. 52 ff.
Helmut Reinalter: Die Rolle der Freimaurerei und Geheimgesellschaften im 18. Jahrhundert, Innsbruck 1995.
Helmut Reinalter: Die Rolle von „Sündenböcken" in den Verschwörungstheorien, in: Vom Fluch und Segen der Sündenböcke. R. Schwager zum 60. Geb., hg. von Jozef Niewiadomski/Wolfgang Palaver, Thaur 1995, S. 215 ff.
Helmut Reinalter (Hg.): Der Illuminatenorden (1776–1785/87). Ein politischer Geheimbund der Aufklärungszeit, Frankfurt/M. 1997.

Helmut Reinalter (Hg.): Die neue Aufklärung, Innsbruck – Thaur 1997.

Helmut Reinalter: Gegen die „Tollwuth der Aufklärungsbarbarei". Leopold Alois Hoffmann und der frühe Konservativismus in Österreich, in: Von „Obscuranten" und „Eudämonisten". Gegenaufklärerische, konservative und antirevolutionäre Publizisten im späten 18. Jahrhundert, hg. von Christoph Weiß in Zusammenarbeit mit Wolfgang Albrecht, St. Ingbert 1997, S. 221 ff.

Helmut Reinalter/Franko Petri/Rüdiger Kaufmann (Hg.): Das Weltbild des Rechtsextremismus. Die Strukturen der Entsolidarisierung, Innsbruck – Wien 1998.

Helmut Reinalter: Die Freimaurer, München 2000 (5. Aufl. 2006).

Helmut Reinalter: Die Carbonari, in: ders., Die Freimaurer, München 2000, S. 88 ff.

Helmut Reinalter (Hg.): Die Französische Revolution und das Projekt der Moderne, Wien 2002.

Helmut Reinalter (Hg.): Handbuch der freimaurerischen Grundbegriffe, Innsbruck 2002.

Helmut Reinalter (Hg.): Verschwörungstheorien. Theorie – Geschichte – Wirkung, Innsbruck 2002.

Helmut Reinalter: Verschwörungstheorien in der Habsburgermonarchie, in: ders. (Hg.), Verschwörungstheorien, Innsbruck 2002, S. 133 ff.

Helmut Reinalter/Harm Klueting (Hg.): Der Aufgeklärte Absolutismus im europäischen Vergleich, Wien 2002.

Helmut Reinalter (Hg.): Typologien des Verschwörungsdenkens, Innsbruck 2004.

Helmut Reinalter: Der Geheimbund der Illuminaten im Verschwörungsdenken, in: ders. (Hg.), Typologien des Verschwörungsdenkens, Innsbruck 2004, S. 61 ff.

Helmut Reinalter (Hg.): Lexikon zum Aufgeklärten Absolutismus in Europa, Wien 2005.

Helmut Reinalter: Der Geheimbund der Carbonari, in: Tirol – Österreich – Italien. Festschrift für Josef Riedmann zum 65. Geb., hg. von Klaus Brandstätter und Julia Hörmann, Innsbruck 2005, S. 571 ff.

Helmut Reinalter: Karl R. Popper's view of History, in: Science, Medicine and Culture. Festschrift für Fritz Wallner, hg. von Martin J. Jandl und Kurt Greiner, Frankfurt/M. 2005, S. 72 ff.

Helmut Reinalter: Propaganda, in: Lexikon zum Aufgeklärten Absolutismus, hg. von Helmut Reinalter, Wien 2005, S. 495 ff.

Helmut Reinalter (Hg.): Aufklärungsprozesse seit dem 18. Jahrhundert, Würzburg 2006.

Helmut Reinalter: Aufklärung und Französische Revolution, in: Vernunft der Aufklärung – Aufklärung der Vernunft, hg. von K. Broese u. a., Berlin 2006, S. 77 ff.

Helmut Reinalter: Aufklärung und Moderne, in: Dimensionen der Politik: Aufklärung – Utopie – Demokratie. Festschrift für Richard Saage zum 65. Geb., hg. von Axel Rüdiger/Eva-Maria Seng, Berlin 2006, S. 165 ff.

Helmut Reinalter: Verschwörungstheorien, in: Kursiv 2006, S. 64 ff.

Helmut Reinalter: Aufklärung und Moderne, hg. von Christian Ehalt u. a., Innsbruck 2008.

Helmut Reinalter: Das Weltall als Wirkung einer „höchsten" Ursache. Zur Geschichtsphilosophie und Struktur des Illuminatenordens, in: ders., Aufklärung und Moderne, Innsbruck 2008, S. 294 ff.

Helmut Reinalter: Der Mythos von der jüdisch-freimaurerischen Weltverschwörung, in: Zeitschrift für Internationale Freimaurer-Forschung 19 (2008), S. 19 ff.

Helmut Reinalter: Die europäische Aufklärung als Gegenstand der Sozialgeschichtsforschung, in: ders., Aufklärung und Moderne, Innsbruck 2008, S. 17 ff.

Helmut Reinalter: „Reflexive" Aufklärung, in: ders., Aufklärung und Moderne, Innsbruck 2008, S. 88 ff.

Helmut Reinalter (Hg.): Freimaurerei und europäischer Faschismus, Innsbruck 2009.

J. M. Roberts: The Mythology of the Secret Societies, New York 1972.

Robert S. Robins/Jerrold M. Post: Die Psychologie des Terrors. Vom Verschwörungsdenken zum politischen Wahn, München 2002.

John Robison: Proofs of a Conspiracy Against All the Religions and Governments of Europe, Carried on in the Secret Meetings of the Free Masons, Illuminati, and Reading Societies, collected from good authorities, Edinburgh 1797, dt. Über geheime Gesellschaften und deren Gefährlichkeit für Staat und Religion ... Aus der dritten und verbesserten englischen Auflage übersetzt und mit Anmerkungen versehen, Königslutter 1800.

Johannes Rogalla von Bieberstein: Die These von der Verschwörung 1776–1945. Philosophen, Freimaurer, Juden, Liberale und Sozialisten als Verschwörer gegen die Sozialordnung, Frankfurt/M. – Bern 1976; Neuaufl.: Der Mythos von der Verschwörung. Philosophen, Freimaurer, Juden, Liberale und Sozialisten gegen die Sozialordnung, Wiesbaden 2008.

Johannes Rogalla von Bieberstein: Aufklärung, Freimaurerei, Menschenrechte und Judenemanzipation in der Sicht des Nationalsozialismus, in: Jahrbuch des Instituts für Deutsche Geschichte Tel Aviv, 7 (1978), S. 339 ff.

Johannes Rogalla von Bieberstein: Der Mythos von der Verschwörung. Freimaurer, Juden und Jesuiten als „Menschheitsfeinde", in: Geheimgesellschaften und der Mythos der Weltverschwörung, hg. von Gerd-Klaus Kaltenbrunner, München 1987, S. 24 ff.

Johannes Rogalla von Bieberstein: Jüdischer Bolschewismus. Mythos und Realität, Dresden 2002.

Johannes Rogalla von Bieberstein: Die demokratische und sozialistisch-kommunistisch-jüdische „Verschwörung", in: Typologien des Verschwörungsdenkens, hg. von Helmut Reinalter, Innsbruck 2004, S. 100 ff.

Alfred Rosenberg: Das Verbrechen der Freimaurerei. Judentum, Jesuitismus, Deutsches Christentum, München 1922.

Alfred Rosenberg: Die Protokolle der Weisen von Zion und die jüdische Weltpolitik, München 1923.

Alfred Rosenberg: Die Protokolle der Weisen von Zion und die jüdische Weltverschwörung, München 1923.

Alfred Rosenberg: Dokumente der deutschen Politik, Bd. 4, Berlin 1937.

Dieter Rüggeberg: Geheimpolitik. Der Fahrplan zur Weltherrschaft, Wuppertal, 3. Aufl. 1993.

Ferdinand Runkel: Geschichte der Freimaurerei in Deutschland, 3 Bde., Berlin 1932.

Armando Saitta: Philippo Buonarroti, Roma 1951.

Jeffrey L. Sammons (Hg.): Die Protokolle der Weisen von Zion. Die Grundlagen des modernen Antisemitismus – eine Fälschung. Text und Kommentar, Göttingen 1998.

Muhammad Safwat al-Saqqa Amini/Sa'di Abu Habib: Freimaurerei, Makkah al – Mukarramah 1983 (engl. 1983).

Jürgen Sarnowsky: Die Templer, München 2009.

Gerhard Sauder/Christoph Weiss (Hg.): Carl-Friedrich Bahrdt (1740–1792), St. Ingbert 1992.

Lothar Schäfer: Karl R. Popper, München, 2. Aufl. 1992.

Wolfgang Schieder: Anfänge der deutschen Arbeiterbewegung. Die Auslandsvereine im Jahrzehnt nach der Julirevolution von 1830, Stuttgart 1963.

G. A. Schiffmann: Die Entstehung der Rittergrade in der Freimaurerei um die Mitte des 18. Jahrhunderts, Leipzig 1892.

Norbert Schindler: Freimaurerkultur im 18. Jahrhundert. Zur sozialen Funktion des Geheimnisses in der entstehenden bürgerlichen Gesellschaft, in: Klassen und Kultur, hg. von Robert M. Berdahl u. a., Frankfurt/M. 1982, S. 207 ff.

Jochen Schmidt (Hg.): Aufklärung und Gegenaufklärung in der europäischen Literatur, Philosophie und Politik von der Antike bis zur Gegenwart, Darmstadt 1989.

Eberhard Schmitt/Rolf Reichardt (Hg.): Die Französische Revolution, zufälliges oder notwendiges Ereignis?, 3 Bde., München – Wien 1983.
Gerhard Schmolze: Revolution und Räterepublik in München, Düsseldorf 1969.
Werner Schneiders: Die wahre Aufklärung, Freiburg – München 1974.
Werner Schneiders: Hoffnung auf Vernunft. Aufklärungsphilosophie in Deutschland, Hamburg 1990.
Werner Schneiders (Hg.): Lexikon der Aufklärung. Deutschland und Europa, München 1995.
Hermann Schüttler: Geschichte, Organisation und Ideologie der Strikten Observanz, in: Quatuor Coronati Jahrbuch 25 (1988), S. 159 ff.
Hermann Schüttler: Die Mitglieder des Illuminatenordens 1776–1787/90, München 1991.
Hermann Schüttler: Johann Joachim Christoph Bode, Journal einer Reise von Weimar nach Frankreich. Im Jahre 1787, München 1994.
Hermann Schüttler: „Zwote Warnung über die Freimaurer". Eine in Vergessenheit geratene Quelle zur Geschichte der „Illuminatenverschwörung", in: Typologien des Verschwörungsdenkens, hg. von Helmut Reinalter, Innsbruck 2004, S. 64 ff.
Dieter Schwarz: Die Freimaurerei. Weltanschauung, Organisation und Politik, Berlin 1938.
Rudolf von Sebottendorf: Bevor Hitler kam. Urkundliches aus der Frühzeit der nationalsozialistischen Bewegung, München 1933.
Robert Shea/Robert A. Wilson: Illuminatus!, 3 Bde., Reinbek b. Hamburg 1987.
Wolfram Siemann: „Deutschlands Ruhe, Sicherheit und Ordnung". Die Anfänge der politischen Polizei 1806–1866, Tübingen 1985.
Arthur Singer: Der Kampf Roms gegen die Freimaurerei, Leipzig 1925.
Alfred Six: Freimaurer und Judenemanzipation, Hamburg 1938.
Alfred Six: Studien zur Geistesgeschichte der Freimaurerei, Hamburg 1942.
Albert Soboul: Die Grosse Französische Revolution, Darmstadt 1973.
Albert Soboul: Französische Revolution und Volksbewegung: die Sansculotten, hg. von Walter Markov, Frankfurt/M. 1978.
Jochen Sohnius: Die Freimaurer und der Verschwörungsmythos General Ludendorffs, Dipl.-Arbeit, München 1999.
Friedrich Sommer: Die Wiener Zeitschrift 1792–1793. Die Geschichte eines antirevolutionären Journals, Leipzig 1932.
Johann Starck: Ueber die alten und neuen Mysterien, Berlin 1782.
Johann August Starck: Der Triumph der Philosophie im Achtzehnten Jahrhundert, 2 Theile, Germantown (Frankfurt/M.) 1803.
Zosa Szajkowski: Jews, wars and communism, vol. II, New York 1974.
Pierre André Taguieff: Les Protocols des Sages de Sion, Bd. 1, Paris 1992.

Jacov Leb Talmon: Die Ursprünge der totalitären Demokratie, Köln-Opladen 1961.

Reinhold Taute: Die katholische Geistlichkeit und die Freimaurerei, Berlin, 3. Aufl. 1903.

C. A. Thory: Acta latomorum ou chronologie de l'histoire de la franche-maçonnerie française et étrangère, 2 Bde., Paris 1815.

Bassam Tibi: Die Verschwörung. Das Trauma arabischer Politik, Hamburg 1993.

Fausta Vaghi: Die Tempelritter. Geschichte und Legenden, Berlin 2008.

Fritz Valjavec: Die Entstehung der politischen Strömungen in Deutschland 1770–1815, München 1951 (Reprint Kronberg/Ts. 1978).

Fritz Valjavec: Die Anfänge des österreichischen Konservativismus. Leopold Alois Hoffmann, in: Festschrift Karl Eder zum 70. Geb., Innsbruck 1959, S. 169 ff.

Jonathan Vankin: Conspiracies, Cover-Ups and Crimes. Political Manipulation and Mind Control in America, New York 1991.

Michel Vovelle: Die Französische Revolution – Soziale Bewegung und Umbruch der Mentalitäten, München 1982.

James Webb: Das Zeitalter des Irrationalen. Politik, Kultur und Okkultismus im 20. Jahrhundert, Wiesbaden 2008.

Tom Weiner: CIA. Die ganze Geschichte, Frankfurt/M. 2008.

Friedrich Wichtl: Weltfreimaurerei, Weltrevolution, Weltrepublik. Eine Untersuchung über Ursprung und Endziele des Weltkrieges, München 1919 (10. Aufl. 1923).

Friedrich Wichtl: Freimaurerei, Zionismus, Kommunismus, Spartakismus, Bolschewismus, Hamburg 1921.

Robert Anton Wilson/Miriam Joan Hill: Das Lexikon der Verschwörungstheorien, Frankfurt/M. 2000.

Wolfgang Wippermann: Agenten des Bösen. Verschwörungstheorien von Luther bis heute, Berlin – Brandenburg 2007.

Gerhard Wisnewski: Mythos 9/11. Der Wahrheit auf der Spur, München 2004.

Gerhard Wisnewski: Verschlusssache Terror. Wer die Welt mit Angst regiert, München 2007.

Robert Wistrich: Der antisemitische Wahn, Ismaning 1987.

Frances A. Yates: Aufklärung im Zeichen des Rosenkreuzes, Stuttgart 1972.

Clemens Zerling: Die Rosenkreuzer. Geschichte einer Idee zwischen Mythos und Wirklichkeit, Graz 2009.

Moshe Zimmermann: Wilhelm Marr. The patriarch of anti-semitism, New York – Oxford 1986.